孙子兵法 三十六计

〔春秋〕孙武 等 著

〔明〕无名氏 编

兵者，国之大事，死生之地，存亡之道，不可不察也。故经之以五事，校之以计，而索其情：一曰道，二曰天，三曰地，四曰将，五曰法。

〔二〕

"用兵如孙子，策谋三十六"，《孙子兵法》与《三十六计》代表着我国古代军事理论的最高水平。

线装书局

前　言

　　"用兵如孙子，策谋三十六"，《孙子兵法》与《三十六计》代表着我国古代军事理论的最高水平。它们所体现出的丰富的智慧和内涵，使其影响已远远超出军事学领域，不但为中外政治家、军事家学习和运用，而且被众多哲学家、文学家和企业家所借鉴，并成为人们日常生活的精神指导和成功指南。

　　《孙子兵法》的作者孙武，字长卿，孙子或孙武子都是对他的尊称。他是中国军事学的奠基人，古人称他为"兵圣"。孙武的生卒年月在历史上没有明确的记载，我们只知道他生于春秋晚期，出生地是齐国，活动于公元前 6 世纪末至公元前 5 世纪初，大约和孔子同时期。孙武从事军事活动是他由齐国到了南方的吴国以后，经吴国名将伍子胥推荐，和伍子胥一同辅助吴王治国练兵。当时，吴王阖闾非常欣赏孙武和他著成的兵法十三篇，想看看兵法十三篇的可操作性，于是集合了吴宫一百八十名宫女请孙武训练。被娇宠惯了的两个任队长的吴王宠姬，三令五申之后仍然嬉戏无度，不听号令。孙武随即严命斩首，吴王出来说情也无效，结果一百八十名宫女被训练得令行禁止，纪律严明。之后，孙武担负起吴国的军国重任，他率领吴军西破强大的楚国，北方与齐、晋抗衡，对吴国的崛起起了十分重要的作用。他所著的《孙子兵法》被喻为"兵经""百世谈兵之祖"，历代兵学家、军事家甚至政治家无不从中汲取养料，曹操、唐太宗、宋仁宗、王阳明、张居正等都曾力主学习此书。在国外，人们对《孙子兵法》更是推崇备至。不少国家的军校把它列为教材，比如美国的国防大学、西点军校等就把《孙子兵法》列为战略学和军事理论的必读书。在商业领域，《孙子兵法》也是大放异彩，哈佛商学院将《孙子兵法》列为高级管理人才培训的必读教材，日本的"经营之神"松下幸之助更是将其奉为圭臬，他的经营思想中无不渗透着《孙子兵法》的军事精华。

　　《三十六计》是根据我国古代卓越的军事思想和丰富的斗争经验

总结而成的兵书，是我国古代兵家计谋的总结和军事谋略学的宝贵遗产。该书在 20 世纪 40 年代之前，未见诸任何文献记载，因此无法确切考证是何人何时所著。据很多学者称是南北朝时檀道济所著。"三十六计"一语，出自《南齐书·王敬则传》，《传》云："檀公（道济）三十六策，走为上计，汝父子为唯应走耳。"意思是王敬则讽刺东昏侯父子，败局已定，无可挽回，唯有退却，才是上策。《三十六计》蕴含了丰富的军事斗争经验和卓越的军事思想，集"韬略""诡道"之大成，素有兵法、谋略奇书之称，是古代兵家行军作战的决胜宝典。它蕴含着丰富的东方智慧，曾使中国历史多次被改写，并以独特的魅力影响着世界的政治、经济和军事，使世界无数政治家、企业家、军事家扬名于天下。法国海军上将科拉斯特称赞它是一本"小百科全书"，系统形象地描绘了"诡道的迷宫"，而日本人则称其为"运筹帷幄的诀窍"。它既是政治家、军事家的案头书，也是企业家与商人在商海中进退自如的法宝。

时至今日，《孙子兵法》与《三十六计》已以近 30 种文字在世界范围内广泛流传。本书将这两部经典著作合二为一，在原著基础上增设了注释、译文、名家品读、实用谋略和商业案例等栏目，在重现古典兵书原貌的同时，以现代视角对古典计谋进行全新解读。同时，为了帮助读者全面深入地理解这两部内容博大精深的著作，编者还精心绘制了精美插图，这些图分为战例示意图、战略解析图。战例示意图是随文列举历代最经典的战例，绘制成战争双方军力部署、进退虚实以及天候地理的情况，以实际战例加深读者对原著的理解。战略解析图是随文绘制的用《孙子兵法》与《三十六计》解析著名战役战略思想的系列图表，使读者更加直观地掌握这两部著作所蕴含的令人惊叹的谋略智慧。通过真实的人和事具体而微地学习《孙子兵法》与《三十六计》的用兵之道中所承载的普遍哲理。

科学简明的体例、充满智慧的文字、精美珍贵的图片、注重传统文化与现代审美的设计理念，多种视觉要素有机结合，打造出一个丰富的阅读空间，全面提升本书的欣赏价值和艺术价值。通过阅读本书，可以帮助读者在竞争日益激烈的当代社会里纵横捭阖、游刃有余，真正实现运筹帷幄之中，决胜千里之外。

目录 ⸻⸻○

九地篇 ⸼⸼⸼⸼⸼⸼⸼⸼⸼⸼⸼⸼⸼⸼⸼⸼⸼⸼⸼⸼⸼⸼⸼⸼⸼⸼⸼⸼⸼⸼⸼⸼ 203

火攻篇 ⸼⸼⸼⸼⸼⸼⸼⸼⸼⸼⸼⸼⸼⸼⸼⸼⸼⸼⸼⸼⸼⸼⸼⸼⸼⸼⸼⸼⸼⸼⸼⸼ 240

用间篇 ⸼⸼⸼⸼⸼⸼⸼⸼⸼⸼⸼⸼⸼⸼⸼⸼⸼⸼⸼⸼⸼⸼⸼⸼⸼⸼⸼⸼⸼⸼⸼⸼ 255

三十六计

第一套　胜战计 ⸼⸼⸼⸼⸼⸼⸼⸼⸼⸼⸼⸼⸼⸼⸼⸼⸼⸼⸼⸼⸼⸼⸼⸼⸼ 278

　　第一计　瞒天过海 ⸼⸼⸼⸼⸼⸼⸼⸼⸼⸼⸼⸼⸼⸼⸼⸼⸼⸼ 278

　　第二计　围魏救赵 ⸼⸼⸼⸼⸼⸼⸼⸼⸼⸼⸼⸼⸼⸼⸼⸼⸼⸼ 298

　　第三计　借刀杀人 ⸼⸼⸼⸼⸼⸼⸼⸼⸼⸼⸼⸼⸼⸼⸼⸼⸼⸼ 314

　　第四计　以逸待劳 ⸼⸼⸼⸼⸼⸼⸼⸼⸼⸼⸼⸼⸼⸼⸼⸼⸼⸼ 328

　　第五计　趁火打劫 ⸼⸼⸼⸼⸼⸼⸼⸼⸼⸼⸼⸼⸼⸼⸼⸼⸼⸼ 348

　　第六计　声东击西 ⸼⸼⸼⸼⸼⸼⸼⸼⸼⸼⸼⸼⸼⸼⸼⸼⸼⸼ 368

第二套　敌战计 ⸼⸼⸼⸼⸼⸼⸼⸼⸼⸼⸼⸼⸼⸼⸼⸼⸼⸼⸼⸼⸼⸼⸼⸼⸼ 390

　　第七计　无中生有 ⸼⸼⸼⸼⸼⸼⸼⸼⸼⸼⸼⸼⸼⸼⸼⸼⸼⸼ 390

九地篇

【导读】

　　孙子认为，只有上知天文、下知地理，才算是称职的军事指挥员。只有懂得地形的利用，才算懂得用兵；如果只了解地理环境的自然形态，而不懂得它对军事行动的影响和规律，那是不能在战争中合理利用地形地物的。

　　本篇主要论述将帅应掌握"九地之变"，即九种不同的作战地区及相应的用兵原则，阐述了致敌被动的要旨和"兵之情主速"的决胜原则，以及"并敌一向，千里杀将"，即如何利用"人情之理"统领军队深入敌国作战等问题。

【原文】

　　孙子曰：用兵之法，有散地①，有轻地②，有争地③，有交地④，有衢地，有重地⑤，有圮地，有围地，有死地。诸侯自战其地，为散地。

入人之地而不深者，为轻地。我得则利，彼得亦利者，为争地。我可以往，彼可以来者，为交地。诸侯之地三属⑥，先至而得天下之众者，为衢地。入人之地深，背城邑多者，为重地。行山林、险阻、沮泽，凡难行之道者，为圮地。所由入者隘，所从归者迂，彼寡可以击吾之众者，为围地。疾战则存，不疾战则亡者，为死地。是故散地则无战，轻地则无止⑦，争地则无攻⑧，交地则无绝⑨，衢地则合交⑩，重地则掠⑪，圮地则行，围地则谋，死地则战。

所谓古之善用兵者，能使敌人前后不相及，众寡不相恃⑫，贵贱不相救⑬，上下不相收⑭，卒离而不集，兵合而不齐。合于利而动，不合于利而止。敢问："敌众整而将来，待之若何？"曰："先夺其所爱⑮，则听矣。"兵之情主速，乘人之不及，由不虞之道⑯，攻其所不戒也。

凡为客之道⑰，深入则专⑱，主人不克⑲；掠于饶野⑳，三军足食；谨养而勿劳，并气积力㉑；运兵计谋，为不可测。投之无所往㉒，死且不北，死焉不得㉓，士人尽力。兵士甚陷则不惧，无所往则固㉔，深入则拘㉕，不得已则斗。是故其兵不修而戒㉖，不求而得，不约而亲，不令而信。禁祥去疑㉗，至死无所之。

吾士无余财，非恶货也；无余命，非恶寿也㉘。令发之日，士卒坐者涕沾襟㉙，偃卧者涕交颐㉚。投之无所往者，诸刿之勇也㉛。

故善用兵者，譬如率然㉜；率然者，常山之蛇也㉝。击其首则尾至，击其尾则首至，击其中则首尾俱至。敢问："兵可使如率然乎？"曰："可。"夫吴人与越人相恶也，当其同舟而济，遇

九地篇

风，其相救也如左右手。是故方马埋轮，未足恃也[34]；齐勇若一，政之道也[35]；刚柔皆得，地之理也[36]。故善用兵者，携手若使一人[37]，不得已也。

【注释】

①散地：指诸侯在自己的领地内同敌人作战，其士卒在危急时很容易逃散的地区。

②轻地：指军队进入敌境不深，士卒离本土不远，在危急时易于轻返的地区。

③争地：指我军占领有利、敌军占领也有利的地区。

④交地：指道路纵横、地势平坦、交通便利的地区。交，纵横交叉。

⑤重地：指进入敌境已深，隔着很多敌国城邑的地区。

⑥三属（zhǔ）：指敌我与其他诸侯国毗邻的地区。属，连接、毗邻。

⑦无止：不要停留。止，停留。

⑧争地则无攻：指双方必争的要害地区，应该先于敌人占领，若是敌人已抢先占领，则不宜强攻。

⑨交地则无绝：指在交地上部署军队，各部之间应保持联系，互相策应，不可断绝。绝，断绝。

⑩衢地则合交：指在衢地上应加强外交活动，结交诸侯作盟友，以为己方后援。合交，结交。

⑪重地则掠：指深入敌方腹地，后方运输补给困难，要掠夺敌人的粮食，就地解决军队的补给问题。掠，掠取、夺取。

⑫众寡不相恃：指大部队与小部队之间不能互相依靠、协同。

⑬贵贱不相救：指军官和士兵之间不能相互救援。

⑭收：聚集、收拢。

⑮先夺其所爱：首先攻取敌人所必救的要害之处。爱，比喻敌人最关键、最重要的地方。

⑯由不虞之道：要走敌人不易料到的道路。由，经过、通过。虞，料想，预料。

⑰为客之道：指离开本土进入敌境作战的基本原则。客，这里指离开本土进入敌境作战的军队。

⑱专：专心一意，这里指深入敌国重地，士卒没有退路，只能死战。

⑲主人不克：指在本国作战的军队，无法战胜客军。主人，指在本国作战的军队，被进攻的一方。克，战胜。

⑳掠于饶野：掠夺敌方富饶田野上的庄稼。

㉑并：合，引申为集中、保持。

㉒投之无所往：把部队投置于无路可走的绝境。投，投放、投置。

㉓死焉不得：指士卒连死都不怕，还有什么做不到呢？

㉔固：牢固，这里指军心稳定。

㉕拘：拘束、束缚。

㉖不修而戒：士卒不待督促整治，就懂得加强戒备。修，整治。

㉗禁祥去疑：禁止迷信活动，消除疑虑和谣言。祥，吉凶的预兆，这里指占卜之类的迷信活动。

㉘吾士无余财，非恶货也；无余命，非恶寿也：我军士卒没有多余的钱财，这并不是他们厌恶财货；没有多余的性命（却拼死作战），这并不是他们不想活下去。恶，厌恶。寿，寿命。

㉙士卒坐者涕沾襟：坐着的士卒热泪沾满了衣襟。涕，眼泪。襟，衣襟。

㉚偃卧者涕交颐：躺着的士卒泪流面颊。偃，仰倒。颐，面颊。

㉛诸刿（guì）之勇：像专诸、曹刿那样英勇无畏。诸，专诸，春秋时吴国的勇士。公元前515年，吴公子光（即后来的吴王阖闾）要杀吴王僚自立，于是设宴招待僚。席上，专诸用暗藏在鱼腹中的剑刺死了吴王僚，自己也当场被杀。刿，曹刿，春秋时期鲁国的武士。鲁君与齐君在柯地（今山东东阿）会盟时，他持剑劫持齐桓公，迫使其当场订立盟约，归还齐国所侵占的鲁国土地。

㉜率然：古代传说中的一种蛇。

㉝常山：恒山。

㉞方马埋轮，未足恃也：把马并排地系在一起，把车轮埋起来，想以这种方式来稳定军队，是靠不住的。方，并列，这里是系在一起的意思。

㉟齐勇若一，政之道也：要想使士卒齐心协力，奋勇杀敌，靠的是组织指挥得法。

㊱刚柔皆得，地之理也：使强者和弱者都能尽其力，在于恰当地利用地形。刚柔，这里指强弱。

㊲携手：这里是带领、统率的意思。

【译文】

　　孙子说：按用兵的规律，可以将战地分为散地、轻地、争地、交地、衢地、重地、圮地、围地、死地九种。诸侯在自己的领地上与敌作战，这样的地区叫作"散地"；进入敌境但尚未深入敌人腹地，这样的地区叫作"轻地"；我方得到就对我有利，敌方得到就对敌有利的地区，叫作"争地"；我军可以前往，敌军可以前来的地区，叫作"交地"；同几个诸侯国毗邻，先到的就可以结交诸侯并取得援助的地区，叫作"衢地"；深入敌国腹地，隔着很多敌国城邑的地区，称为"重地"；山林、险阻、沼泽等行军困难的地区，叫作"圮地"；进入的道路狭窄险要，退归的道路迂回曲折，敌人以少数兵力就能击败我众多兵力的地区，叫作"围地"；迅猛奋战则能生存，不迅猛奋战就灭亡的地区，叫作"死地"。因此，处于散地则不宜作战；处于轻地则不可停留；遇上争地则要先于敌人占领，如果敌人已经占领，就不宜强攻；遇上交地则（要相互策应）不要断绝联络；进入衢地则应结交诸侯以为己援；深入重地则应掠取粮草物资；遇上圮地则要迅速通过；陷入围地则应运用智谋，防止被困；陷入死地则要迅猛奋战，死里求生。

　　古时候善于用兵的人，能够使敌人的部队首尾不能相顾，主力与小部队不能相互依靠，将官与士兵不能相互救援，上下（相互隔断）无法收拢，士卒溃散而不能集中，士卒即使集合起来也是阵型混乱。在对我有利的情况下就行动，在对我不利的情况下就停止。请问："如

果敌军众多而且阵容齐整地向我发起进攻，该如何对付它呢？"答："首先夺取敌人的要害之处，这样，它就不得不听凭我的摆布了。"用兵之道贵在神速，乘敌人措手不及的时候，走敌人意料不到的道路，攻击敌人没有戒备的地方。

大凡进入敌国作战的基本原则是：深入敌境则军心专一，在本土作战的敌军便无法战胜我；掠夺敌人富饶田野上的庄稼，使全军给养充足；精心地养护士卒，不要使他们疲劳，保持士气，积蓄力量；部署兵力，计算谋划，使敌人无法揣测我的意图。将军队置于无路可走的绝境，士卒们就会宁死而不败退；士卒们既然连死都不怕了，就没有人不尽力作战。士卒们深陷危险的境地，就会无所畏惧；无路可走，军心就会稳固；深入敌境，军心就不会涣散；遇到迫不得已的情况，就会殊死战斗。因此，在这样的情况下，军队不须整饬就懂得加强戒备，不待要求就能完成任务，不待约束就能亲密协作，不待下令就会遵守纪律。禁止迷信，消除士卒的疑惑，他们就会至死也不退避。

我军士卒没有多余的钱财，这并不是他们厌恶财货；豁出性命去作战，这并不是他们不想长寿。命令下达之日，坐着的士卒热泪沾满了衣襟；躺着的士卒泪流满面。将军队置于无路可走的绝境，士卒们就会像专诸、曹刿一样勇猛无畏。

所以，善于用兵的人，能使部队像率然一样（自我策应）。所谓"率然"，是常山的一种蛇，攻击它的头部，尾部就会来救援；攻击它的尾部，头部就会来救援；攻击它的中部，头尾都会来救援。试问："可

● 何谓九地

古时作战有九种不同的作战地区，每种地区都有相应的用兵原则。对症下药，才能保证战争的胜利。

九种战地区分及应对方法

己方

散地

诸侯在自己国境内作战地方 ➤ **不宜作战**

敌方

敌国浅近处

轻地
进入敌人国境不深的地方 ➤ **不可停留**

争地
我军占领有利，敌军占领也有利的地方 ➤ **先敌占据**
如敌方先占领则不可强攻。

交地
我军可往，敌军也可来的地方 ➤ **各部相连 防敌阻绝**

要塞及腹地

衢地
敌我及其他诸侯国接壤，先到就能先结交邻近诸国，取得支援的地方 ➤ **多结交邻国**

重地
深入敌境，越过很多城邑的地方 ➤ **夺取物资 就地补给**

形势严峻处

圮地
山林、险阻、水网、湖沼等难于通行之地 ➤ **迅速通行**

围地
进兵的道路狭隘，退回的道路迂远，敌军用少数兵力就能击败我军多数兵力的地方 ➤ **巧设奇谋**

死地
奋起反抗才能够生还的地方 ➤ **迅猛奋战 死中求生**

● **善于用兵者**

古时善于用兵的人，有能使敌军溃散的本事，有清楚的用兵原则。

用兵之能

能使敌军

| 前后军不能相互衔接 | 大军和支队不能相互倚靠 | 将领和士兵不能相互救助 | 上下级不能相互扶持 | 被击溃的士兵不能重新集合 | 重新集合的士兵不整齐 |

如果敌人众多齐整地进攻 ➡ **夺取最紧要的物资和地盘使其陷于被动**

用兵原则

战事合于国家的利益就出兵不合于国家的利益就停止

用兵核心

兵贵神速

趁敌不及　出敌不意　攻敌不备

以使部队像率然一样吗?"答:"可以。"吴国人与越国人虽然互相仇视,但是当他们同船渡河而遭遇风浪时,他们互相救助(配合默契),犹如一个人的左手和右手。因此,想用把马匹系在一起、掩埋车轮的办法来控制军队,是靠不住的;要使全军齐心协力奋勇无畏如同一人,就要靠指挥驾驭有方;要使强弱不同的士卒都能充分发挥作用,就要靠将帅恰当地利用地形。所以善于用兵的人,统率三军如同使用一人,这是由于将军队置于不得已的境地而形成的。

【原文】

九地篇

　　将军之事,静以幽①,正以治②。能愚士卒之耳目,使之无知;易其事,革其谋③,使人无识;易其居,迁其途,使人不得虑。帅与之期④,如登高而去其梯。帅与之深入诸侯之地,而发其机⑤,焚舟破釜,若驱群羊,驱而往,驱而来,莫知所之。聚三军之众,投之于险,此谓将军之事也。九地之变,屈伸之利,人情之理,不可不察。

　　凡为客之道,深则专,浅则散⑥。去国越境而师者,绝地也;四达者,衢地也;入深者,重地也;入浅者,轻地也;背固前隘者⑦,围地也;无所往者,死地也。是故散地,吾将一其志;轻地,吾将使之属⑧;争地,吾将趋其后⑨;交地,吾将谨其守;衢地,吾将固其结⑩;重地,吾将继其食⑪;圮地,吾将进其涂;围地,吾将塞其阙⑫;死地,吾将示之以不活⑬。故兵之情,围则御⑭,不得已则斗,过则从⑮。

是故不知诸侯之谋者，不能预交^⑯；不知山林、险阻、沮泽之形者，不能行军；不用乡导者，不能得地利。四五者，不知一，非霸王之兵也。夫霸王之兵，伐大国，则其众不得聚；威加于敌，则其交不得合。是故不争天下之交^⑰，不养天下之权^⑱，信己之私^⑲，威加于敌，故其城可拔，其国可隳^⑳。

施无法之赏^㉑，悬无政之令^㉒；犯三军之众^㉓，若使一人。犯之以事，勿告以言^㉔，犯之以利，勿告以害^㉕。投之亡地然后存，陷之死地然后生。夫众陷于害，然后能为胜败。故为兵之事，在于顺详敌之意^㉖，并敌一向，千里杀将，此谓巧能成事者也。

是故政举之日，夷关折符，无通其使^㉗，厉于廊庙之上^㉘，以诛其事^㉙。敌人开阖，必亟入之^㉚。先其所爱，微与之期^㉛。践墨随敌^㉜，以决战事。是故始如处女，敌人开户；后如脱兔，敌不及拒^㉝。

九地篇

【注释】

①静：沉着冷静。幽：幽深。

②正：严肃公正。治：不乱。

③易：改变。革：变更。

④帅与之期：将帅使部队约期赴战，即将帅赋予部队具体的战斗任务。期，约定时间。

⑤机：弩机。

⑥深则专，浅则散：指在敌国境内作战，深入则军心专一，浅进

213

则军心涣散。

⑦背固前隘：指背后地势险要，前面道路狭隘，进退容易受制于敌的地区。

⑧使之属（zhǔ）：使军队的部署相连接。属，连接、连续。

⑨争地，吾将趋其后：在争地作战，我们要迅速进兵到争地的后面。

⑩衢地，吾将固其结：遇上衢地，我们要巩固与诸侯国的结盟。结，这里指结交诸侯。

⑪继其食：补充军粮，保障供给。继，继续，引申为保障、保持。

⑫塞其阙（quē）：堵塞缺口，意在迫使士兵拼死作战。阙，缺口。

⑬示之以不活：指向将士表示死战到底的决心。

⑭围则御：被包围就会奋起抵御。

⑮过则从：指士卒陷入危险的境地，就会听从指挥。过，这里指身陷危境。

⑯预：通"与"。

⑰不争天下之交：不必争着同别的国家结交。

⑱不养天下之权：不必在别的国家培植自己的权势。

⑲信：信从，这里指依靠。私：这里指自己的力量。

⑳隳（huī）：毁坏、摧毁。

㉑施无法之赏：施行超出惯例的奖赏。

㉒悬：悬挂，这里指颁发。

㉓犯：这里指驱使、使用。

㉔犯之以事，勿告以言：只驱使士卒去做事，而不告诉他们这样做的意图。

㉕犯之以利，勿告以害：驱使士卒完成某项任务时，只告诉他们有利的一面，而不告诉他们危险的一面。

㉖详：通"佯"。

㉗政举之日，夷关折符，无通其使：决定战争行动之日，要封锁关口，废除通行凭证，阻止与敌国使节的外交往来。政举之日，指决定战争行动的时候，即战争前夕。政，这里指战争行动。举，实施，决定。夷，这里指封锁。折，折断，这里可理解为废除。符，泛指通行凭证。古时用木、竹、铜等做成牌子，上书图文，分为两半，作为传达命令、调兵遣将和通行关界的凭证。使，使节。

㉘厉：通"砺"，这里是反复计议的意思。廊庙：庙堂，指最高决策机构。

㉙诛：治，这里是谋划决定的意思。

㉚敌人开阖（hé），必亟入之：敌人出现疏失空隙，己方必须迅速趁虚而入。敌人开阖，指敌人有隙可乘。阖，门扇，这里比喻敌方的空隙。亟，急。

㉛微：无。期：这里指约期交战。

㉜践墨随敌：指实行战略计划要随敌情而变化。践，实行。墨，墨线，这里指战略计划、部署。

㉝始如处女，敌人开户；后如脱兔，敌不及拒：开始时要如处女

般柔弱沉静，使敌人放松戒备；随后要如逃脱追捕时的兔子般迅速敏捷，使敌人来不及抗拒。

【译文】

统率军队这种事情，要沉着冷静以使思虑深远，严肃公正以使队伍井然有序。要蒙蔽士卒的视听，使他们对军事行动一无所知；要经常变更战法，不断改变谋略，使人无法识破；要经常改换驻地，故意绕道迂回，使人们无法推测我方的意图。将帅赋予军队具体的作战任务，要像让人登高后而撤掉梯子一样，使其有进无退。将帅与军队一同深入诸侯国土，要像触发弩机射出弩箭一样，使其一往直前。要焚烧船只，打破锅子，破釜沉舟（以示死战的决心），驱使士卒要如驱赶羊群一般，赶过去，赶过来，使他们不知道要前往何处。聚集全军将士，将他们置于危险的境地（迫使他们拼死奋战），这就是统率军队作战的要务。根据地形的变化而灵活地采取应对措施，根据战争态势的发展而采取相应的屈伸、进退战略，掌握全军将士在不同情况下的心理状态，这些都是将帅不能不认真考察和研究的。

大凡在敌国境内作战的基本规律是：深入敌境，军心就会变得专一；进入敌境不深，军心就容易涣散。离开本国，越过边境而进入敌国作战的地区，叫作"绝地"；四通八达的地区叫作"衢地"；深入敌国腹地的地区叫作"重地"；在敌国境内，但尚未到达其纵深的地区叫作"轻地"；背后有险阻而前方狭隘的地区叫作"围地"；无路可走的地区叫作"死地"。因此，在散地，我就要使全军上下意志统一；在轻地，我就要使军队前后连接、互相策应；在争地，我就要使后续部队迅速跟进；在交地，我就要谨慎防守；在衢地，我就要巩固与诸侯国的结盟；在重地，我就要保障粮草的供给；在圮地，我就要争取尽快通过；陷入围地，我就要堵塞缺口；陷入死地，我就要向众将士表示死战到底的决心。所以，士卒的心理变化情况是：受到包围就会奋起抵御，迫不得已就会拼死战斗，身处险境就会听从指挥。

因此，不了解诸侯的计谋和策略，就不能预先与之结交；不熟悉山林、险阻、沼泽等地形，就不能行军；不使用向导，就不能获得地利之助。对于九地之利害，有一样不了解的，都不算是能称王争霸的军队。能称王争霸的军队，攻伐大国，能使其来不及动员民众和集结军队；威力加于敌人头上，能使其无法与别国结交。因此，（拥有这样的军队）就不必争着与别的诸侯国结交，也不必在各诸侯国培植自己的势力，只要依靠自己的力量，把威力加在敌人头上，就可以夺取敌人的城邑，摧毁敌人的国家。

施行超出惯例的奖赏，颁布打破常规的号令，这样就能做到指挥全军如同指挥一个人一样。驱使士卒去做事，而不告诉他们这样做的意图；只告诉他们有利的一面，而不告诉他们危险的一面。将士卒置于危险的境地，然后才能保存；使士卒陷入死地，然后才可以死里求生。军队陷于险境，然后才能（凭借自己的积极和主动）争取胜利。所以，指挥作战这种事，在于弄清敌人的意图，（一旦时机成熟便）集中兵力指向敌人的一点，千里奔袭，擒杀敌将。这就是所谓的巧妙运筹能

够成就大事。

因此，在决定战争行动的时候，就要封锁关口，废除通行凭证，停止与敌国的外交往来，要在庙堂上反复计议，以谋划制定战略决策。一旦发现敌人有隙可乘，就要迅速发兵趁虚而入。首先攻取敌人最关键的地方，不要轻易与敌人约期决战。实施战略部署的时候要根据敌情的变化而不断作出调整，以求得战争的胜利。因此，战争开始时要表现得像处女般柔弱沉静，诱使敌人放松戒备；然后要像逃脱追捕时的兔子那样迅速敏捷，使敌人措手不及，无法抵抗。

名家论《孙子兵法》

战争是在一定的时间和空间中进行的。孙子时代的战争都发生在地面和水面。《孙子兵法》论述到的地面主要是山地、丛林、平原和旷野，而草原、戈壁、沙漠、岛屿等地形都没有涉及。它所论述的水面主要是江河湖泽。虽然当时吴国已有近海作战，如公元前485年徐承率吴国水军由海上进攻齐国，但孙子在他的兵法中却没有反映和总结。

从军事地形学的角度说，孙子对他所认识到的地面空间进行了具体的分析，并且归纳出一个精辟的结论："地形者，兵之助也。"（《地形》）从军事地理学的角度说，孙子对他所认识的地理环境，从自然地理和人文地理的结合上论述了其在战争中的地位和作用。他的名言"知彼知己，胜乃不殆；知天知地，胜乃可全"（《地形》），以及他在论述"五事"、"七计"时讲的"天地孰得"，都是从战略高度强调地理对于克敌制胜的重要作用的。

......

我国的地理学源远流长，早在先秦时代就已经出现了专门的著作，比较著名的有《尚书·禹贡》《山海经·五藏山经》《穆天子传》《周礼·职方氏》《尔雅·释地》《管子·地员、度地、地图》等。这些著作内容十分丰富，可视为我国地理学研究的开端。

作为地理学重要分支的军事地理学也在先秦时代就表现出了自己独具的特色。其杰出的代表作当推《孙子兵法》。《孙子兵法》中的《地形》《九地》《行军》等可称得上先秦时代论述兵要地理和战术地形的不朽篇章，是我国军事地理学发展史上一座高大的丰碑。

孙子的军事地理学内容丰富、立论新颖、思维独特，应当引起我们的重视。

......

孙子对军事地形进行了分类，确定了概念，并且对这些地理现象作出了若干规律性的总结。《孙子兵法》涉及了几十种地形名称，如不了解其分类标准，便很难确切地把握其含义，甚至会被那众多的地理名称弄得迷离惝恍。孙子是我国研究军事地理的开山祖，对后世的影响极为深远。因此，从《孙子兵法》中寻绎其分类标准对于我们学习和研究孙子的军事地理观是十分必要的。

——吴如嵩

● **将军之事，静以幽，正以治**

统率军队就要做到沉着冷静，幽深莫测，严肃而有条不紊。

如何统领全军

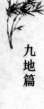

静以幽

冷静而莫测的权谋，不会被人轻易揣测识破

├─ 蒙蔽士卒耳目，使其对军事计划一无所知

├─ 改变任务，变更计谋，使人不能识破

└─ 改变驻地，进军迂回，没有人能推断出我的意图

赋予任务要像登高撤去梯子一样，有进无退

带军深入诸侯领地，要像离弦之箭，一往直前

指挥军队要像赶羊一样，让人猜不出最终的目的地

正以治

严肃而有条理地指挥，再多的军队也可以治理得有条不紊

将军之事
集合全军
投身险地

战地情况多变复杂
要会随机应变伸缩进退

士卒心态随情而异
要能善于察觉并巧加运用

● **为客之道**

进入敌境作战，情况更加凶险，但只有将士卒置于险境，才能使其全身心投入战斗，方能取胜。

> ## 行军应"置之死地而后生"

入敌国作战的原则

要深入敌境，使军心团结，敌人就不能制我

在富饶地区掠取粮草，使全军给养充足

让战士休养生息，勿使疲劳，提高士气，积蓄力量

部署战斗，巧设计谋，使敌人不可揣测

将军队置于险境 ➡ **则军队不令而威**

士卒身陷危地就无所畏惧—
无路可退，则军心稳固—
深入敌国就不易涣散—
迫不得已就会拼死战斗—

不待整饬就能加强戒备
不待要求就能完成任务
不待约束就能亲近相助
不待申令就能信守纪律
禁止迷信谣言
战死也不会避让

221

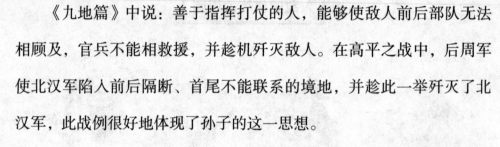

高平之战

《九地篇》中说：善于指挥打仗的人，能够使敌人前后部队无法相顾及，官兵不能相救援，并趁机歼灭敌人。在高平之战中，后周军使北汉军陷入前后隔断、首尾不能联系的境地，并趁此一举歼灭了北汉军，此战例很好地体现了孙子的这一思想。

高平之战是后周和北汉、契丹联军之间进行的一次关键性战役，也是五代十国时期最为重要的一次决战，它最终以周世宗大获全胜而告终。

五代十国时期，北汉曾多次南下进攻后周，但是后周军队总能在太祖郭威的率领下击退北汉军队。

公元954年，郭威去世，其养子柴荣（实际上是郭威的内侄，柴荣是其妻子柴守玉的哥哥柴守礼的儿子）即位，就是周世宗。北汉主得知这个消息，非常高兴，立刻向契丹请兵，再次南下攻打后周。契丹派武定节度使、政事令杨衮率领万余骑兵和北汉会师于晋阳，北汉主亲自统帅三万人马，和契丹合兵南下。后周昭宁节度使李筠派部将穆令均率领两千人马迎击北汉军队，自己则率领主力在后面扎营。北汉前锋都指挥使、武宁节度使张元徽设下埋伏，自己佯败诱敌，结果穆令均中伏被杀，士卒折损了上千人。

李筠退回潞州，凭城固守。周世宗得到禀报，打算亲自出征。但是大臣们都认为，北汉主自晋州惨败以后，一定不敢再亲自出征。而皇帝刚刚即位，人心还未稳定，不宜亲征，应该派下面的将帅去抵御。但是周世宗有自己的看法，他认为，北汉主刘崇趁我国大丧来进攻，必定是轻视我年少没有经验，一定会亲自前来，想一举吞并我国，我不能不亲自出征。于是，周世宗率领禁军从京城开封出发。在北上的途中，禁军控鹤都指挥使赵晁派人向周世宗进言，劝阻亲征。周世宗大怒，将赵晁囚禁在怀州。北汉主不知道周世宗亲自出征，他看潞州城坚固，一时难以攻取，就越过潞州不攻，直取大梁。北汉兵的前锋与后周军在高平以南相遇，被周军击退。周世宗生怕北汉军撤退，遂加紧前进。北汉主刘崇在巴公原排开阵势准备迎击，他亲自率领中路军，张元徽率领东路军，杨衮率领西路军（即契丹骑兵），军容极盛。这时，后周军前锋行进过于迅速，河阳节度使刘词率领的后军落在了后面。面对这种敌众我寡的局面，周军将士难免怀有畏惧心理。而周世宗反而更加镇定，坚信一定可以打败北汉与契丹的联军。于是，他命令白重赞与侍卫马军都虞侯李重进在西面统率左军，樊爱能、何徽在东面统率右军，向训、史彦超率领精骑在中间列阵，殿前都指挥使张永德率领禁军护卫皇帝。周世宗自己也全身披挂铠甲，并跨马到阵前督战，双方都严阵以待。

北汉主看到后周人马不多，认为不用契丹的人马也可以击败周军，

九地篇

他对手下的将领说："我用汉军就可以击败周军，哪用得着契丹人。今天不但要一举击败周国，还要让契丹人知道我们汉军的厉害。"北汉的将领们也都表示赞同。杨衮在阵前观察了后周军的阵势和军容，对北汉主说："周军是强敌，不可贸然进攻。"北汉主不以为然地说："机不可失，将军就不要再说了，且看我来破敌。"杨衮不再言语，静观汉军的举动。当时天上吹起东北风，不久又突然转为南风。北汉副枢密使王延嗣派司天监李义向北汉主进言，劝北汉主出击。枢密直学士王得中认为风势不利，不宜出击，北汉主不听，命东路军率先发起进攻，张元徽亲自率领千余精骑冲击后周的右军。后周的右军主将樊爱能、何徽本来就有怯战心理，交战不久，看到北汉军来势很猛，抵挡不住，就率领骑兵率先逃走。后周右军被击溃，有上千步兵解甲投降。后周军濒临溃败的边缘，周世宗看到战事紧急，便亲自率领左右的亲兵冒着矢石出阵督战。

　　后来的宋太祖赵匡胤当时还是后周禁军将领，他先招呼同伴向前冲锋，又请张永德率军从左翼出击，自己率军从右翼出击。张永德同意。两人各率领两千人马随周世宗出击。赵匡胤身先士卒，奋力杀向敌阵。主将奋勇当先，士卒更是拼死力战，无不以一当百，北汉兵抵挡不住，纷纷溃败下来。后周内殿直马仁禹也激励同伴进击，他自己跃马猛射，连毙数十敌军，后周军的士气更加高涨了。北汉主知道周世宗亲自出战，遂命人对张元徽进行嘉奖，并催促张元徽乘胜进攻。张元徽继续向前进攻，不料战马被射倒，自己从马上摔了下来，被后周士兵斩杀。张元徽一死，北汉军士气低落，后周军乘胜追击，把北汉军杀得大败。

此后，北汉主刘崇亲自挥舞旗帜，试图稳住军心，但是这也无法阻止北汉军的溃败。杨衮看到后周军如此骁勇，不敢救援，又痛恨刘崇不听自己的劝告，所以立即率领契丹骑兵撤退了。这时，从战场上溃败下来的后周将领樊爱能、何徽等人率领溃军一路抢劫辎重，散布谣言，并企图阻止后周后军大将刘词继续前进。刘词不听，继续率军向前进发，在黄昏时与前军会合。当时北汉尚有士兵万余人，隔山涧布阵，企图抵抗。后周军得到增援，又发起猛攻，北汉军崩溃了，王延嗣被杀，后周军一路追杀到高平，北汉将士的尸体布满了山谷，丢弃的军资器械到处都是。走投无路的北汉士兵被迫投降了后周。最终，北汉主刘崇仅仅率领百余骑兵逃回了晋阳。这样，后周在高平大战中取得了最终胜利。

高平之战，直接关系到后周的存亡兴衰。在右军已经被击溃的危急情况下，周世宗亲自出阵，极大地鼓舞了周军的士气，从而挽救了岌岌可危的战局。

背水一战

楚汉相争期间，刘邦手下的大将韩信在平定魏国以后，又率兵越过太行山，向东攻打臣服于项羽的赵国。赵王歇和成安君陈余、广武君李左车调集二十万兵力，守住了太行山以东的咽喉要地井陉口（即井陉关，在今河北获鹿西），并准备与韩信展开决战。

当时，赵军的军政实权都掌握在陈余手中，李左车向他献计说："听说韩信率领的军队连战皆捷，大胜魏国，正是士气高涨之时，其锋芒不可阻挡。但是，对于军队来说，粮饷是至关重要的。而井陉地势险要，战车、骑兵均不能并列成行，军队绵延数百里，这样一来，押运粮草的队伍势必远远落在后面。如果您能拨给我精兵三万，出小路截断汉军的粮草，而您则深挖战壕，高筑营垒，坚守不战，使他们进退不得，到时我再出奇兵断其后路，不出十天，韩信的人头就能送到将军面前。希望您认真考虑我的计策，否则，一定会成为韩信的俘虏。"

可惜陈余只是个迂腐刻板的书生，经常宣称用兵要讲仁义道德，认为正义的军队不可采用阴谋诡计，于是说："兵书上讲'十则围之，倍则战'。韩信的军队虽然号称数万，实际上不过几千而已，现在竟然千里迢迢赶来袭击我们，早已是疲惫不堪。在这种情形下，如果一味回避而不主动出击，等到大量后续部队赶到，还怎么可能对付他呢？何况诸侯也会因此认为我们懦弱胆小，就会趁势前来攻打我们。"于是拒绝采纳李左车的意见。

韩信派人暗中打探，知道李左车的计策没有被采纳，心中大喜，这才大胆地带领部队进入井陉道，在离井陉口三十里的地方扎下营寨。

半夜时分，韩信突然颁布了一道紧急命令：在军中挑选两千轻骑，每人拿一面代表汉军的红旗，从隐蔽的小道上山，绕道到井陉关后，埋伏在丛林中，随时注意赵军的动向。韩信告诫说："交战时，赵军发现我军后，我军立即退回。对方一定会倾巢出动来追击我军，那时候，你们火速冲进赵军营垒，拔掉赵军的旗帜，竖起汉军的旗帜。"这些军士领命后，立即出发了。

过了一会儿，韩信又让副将传达开饭的命令，并向士兵们说："这只是临时充饥，等明天打垮了赵军，大家再正式会餐。"将士们听了，都不敢相信，只是假意说"好"。韩信随后派出一万人马作为先头部队，背靠河水布阵迎战。赵兵远远看见对方背水布阵，大笑不止。第二日，天刚亮，韩信就张设了大将的旗帜和仪仗，声势浩大地率军开出井陉口。赵军见状，立刻打开营垒，冲出去攻击汉军。双方激战一段时间，韩信命部下假装不敌，抛下旗鼓，纷纷退回河边的阵地。赵军见汉军惨败而退，立刻倾巢出动，争夺汉军的旗鼓，并穷追不舍。

汉军心知后面是河，不能再退，于是个个殊死奋战。面对勇猛的汉军，赵军也无可奈何。这时，预先埋伏在山上的汉军，早已按照韩信的指示，迅速冲进赵军的空营，将赵军的旗帜尽数拔掉，竖起了两千面汉军红旗。

赵军与汉军交战了一阵，眼见无法取胜，又不能俘虏汉军的主将韩信，只好撤兵回营。当他们回到城下时，突然看到营帐间插满了汉军的红旗，大为震惊，以为汉军已经攻破了营垒，俘虏了赵王和将领。

孙子兵法·三十六计

九地篇

于是军队大乱，纷纷溃散，虽然将领们严厉阻止，甚至诛杀逃兵，但也无济于事。在汉军的两面夹击下，赵军惨败，成安君陈余被杀，赵王歇和广武君李左车被汉军俘获。

在庆功宴上，手下将领问韩信道："兵法上说，要背山面水列阵，现在你背水布阵，居然获胜了，是什么道理？"韩信说："这也是兵法上有的，只是你们没有注意罢了。兵法上不是也有'陷之死地而后生，置之亡地而后存'的说法吗？如果我留下一条退路，士兵们早就四散逃走了，怎么还会拼死作战呢？"

《九地篇》中说："疾战则存，不疾战则亡者，为死地。"又说："死地则战。"韩信作为一名杰出的军事家，正是利用了这一点，在准备充足的前提下布下了背水之战，促使士兵们殊死奋战、死中求生，最后大获全胜。

九地篇

李雪夜袭蔡州

安史之乱使唐王朝元气大伤，开始由盛转衰，各地节度使趁机独揽大权，割据一方。后来，唐朝国力有所恢复，边疆形势逐渐缓和。在这样的背景下，为了维护统一的局面，加强中央集权，唐王朝开始致力于削藩。

公元807年，唐宪宗顺利平定西川、夏绥、镇海三镇的叛乱，开始着手讨伐淮西、成德的割据势力。李愬奇袭蔡州，正是平定淮西节度使吴元济割据势力时发生的故事。

（元和九年公元 814 年），淮西节度使吴少阳病死，其子吴元济承袭淮西节度使一职，不仅拒纳中央派来的吊祭使者，而且发兵四处烧杀掳掠。唐宪宗于是决定派兵讨伐他。

朝廷军队分四路进攻淮西，其中，南、北路军略有进展，东、西路军则被淮西军击败。其后两年间，朝廷多次更换东、西路军的统帅，可惜收效甚微。于是，唐宪宗决定起用李愬，让他负责征伐吴元济。

公元 817 年正月，李愬到达淮西。当时，唐军屡战屡败，士气低落，士兵们甚至产生了惧战心理。面对这一情况，李愬对士兵们说："天子知道我李愬生性懦弱，能忍受战败的耻辱，因此才派我来安抚你们。至于攻城拔寨，那不是我负责的事。"听了李愬这席话，士卒们才稍稍安下心来。

但这只能治标，不能治本，李愬上任后，首先做了大量工作以安定军心。他亲自慰问士卒，抚恤伤病者，既不讲究长官的威严，也不强调军政的严整。此举一方面是为了安抚士兵，一方面是向敌人佯示自己无所作为，再加上他上任前地位和名气均不算高，吴元济果然放松了戒备。

等将士们情绪稳定之后，李愬便下令修理器械，训练军队。他实行优待俘虏及降军家属的政策，对俘获来的敌军官员，将领给予充分信任，并委以官职，有了这些人的帮助，李愬才逐渐摸清了淮西军的

虚实。

　　这时，由于当地战乱频繁，出现了大批百姓逃亡的现象。面对这一情况，李愬派人安抚百姓，并派驻军队予以保护。这一举措，使唐军赢得了民心。

　　这年五月，李愬出兵包围了蔡州。五月二十六日，李愬派兵攻打朗山，淮西军闻风前来救援，唐军腹背受敌，败下阵来。李愬手下诸将都懊丧不已，但李愬本人却说："我军若是连战皆胜，敌人必定会加强戒备。这次失败，正可以麻痹他们，方便日后出其不意地消灭敌人。"不久，他招募了三千士兵，亲自训练，以增强军队的实力。

　　九月二十八日，经过周密部署，李愬突然占领了关房（今河南遂平）外城，歼灭淮西军一千余人。淮西军兵败后，剩下的士兵退守内城。李愬命军队佯装撤退，淮西军派五百骑兵追击，唐军大为惊慌，眼看就要败退，李愬当场下令道："敢后退者，斩！"于是官军掉过头去攻击淮西军，将其杀得大败。

　　将士们本想趁胜攻城，但李愬认为，如果暂不取城，敌人必定分兵守卫此城，而我军正可趁敌人兵力分散之机夺取蔡州，因此下令还营。降将李佑建议："蔡州的精兵都驻守在洄曲及其周围，蔡州城内只余下老弱残兵，何不乘虚直抵蔡州城，等外围的叛军听到消息赶来救援时，吴元济已经束手就擒了。"这一意见与李愬的想法不谋而合。

　　十月，眼见条件已经成熟，李愬开始部署袭击蔡州的计划，他命

随州刺史史文镇守文城栅，命降将李佑等率三千士兵为前锋，自己亲率三千人为中军，李进城率三千人为后军，奇袭蔡州。为了保证军机不外泄，军队出发时，李愬只命令一直向东前进，而没有告知这次行动的目的地。

行动的当天风雪交加，军队东行六十里后到达张柴村。李愬率军突袭这个村子，将淮西军布置在此处的守军及通报紧急军情的烽火兵一网打尽，抢占了这一要地。李愬命令士兵就地小憩片刻，随后留下五百人截断桥梁，以阻止洄曲方面的淮西军回援蔡州，另派五百人监视朗山方向的救兵。

阻截援军的计划部署完毕后，李愬亲自带领部队趁着夜色、冒着大雪继续向东急行。众将不解，向他询问行军方向，李愬这才说出自己的计划：去蔡州城捉拿吴元济。

将士们一听，全都大惊失色。这是因为夜晚的天气异常寒冷，沿路都能看见冻毙的士兵和马匹，而且行经的道路异常险峻，之前从未走过，他们都认为此去必死无疑。但李愬军纪严明，无人敢违抗，大家只能奋力向前。经过一番急行军，他们在天未亮时便赶到了蔡州。这时，唐军经过近城处一个鹅鸭池，李愬灵机一动，想出了一条妙计：惊打鹅鸭以掩盖军队行进的声音，并分散淮西军的注意力。

自从吴少阳割据以来，蔡州城就一直被叛军占据着，附近也没发生过大的战事，这使得城中守军防备松弛，毫无戒备之心。唐军借着风雪和夜幕的掩护，不费吹灰之力就进入了蔡

州城。

天明的时候，有人向吴元济汇报，说唐军已经攻入了蔡州。但是他根本不相信，直到听到唐军的呐喊声，他才仓促带着亲兵登上内城抵抗。蔡州百姓火烧内城南门，唐军趁势破门而入，擒获了吴元济。

当时，吴元济的部将董重质正率领数万精兵据守洄曲，城破之后，李愬厚待董重质的家属，命其子前去招降董重质。恰好朝廷北路军也在此时占据了洄曲。余下州县守兵见蔡州已破，便先后投降，平定淮西之战至此胜利结束。

之后，成德方面的割据势力慑于中央的压力，也上表归顺朝廷。淮西、成德是唐代藩镇中的强镇，通过平定这两个藩镇，唐王朝又赢得了暂时的统一。

在蔡州奇袭战中，李愬先是针对士兵因屡战屡败而产生的厌战、惧战心理，一方面稳定军心，一方面示弱惑敌，然后制定了避实击虚、速战速决的战略。在行动一开始，他对部下守口如瓶，正是孙子所说的"犯之以事，勿告以言"。

而且，李愬善于利用地形、气候等作战条件，以影响士兵的心理，保证军队战斗力的充分发挥，使其坚定殊死作战的决心。这就是《九地篇》中所说的"投之亡地而后存，陷之死地然后生"。李愬也很清楚，他所率领的军队曾经多次战败，士气受到了极大影响，要想使这支军队重振士气，就必须将士兵置于险恶的环境之中，到那时，"士兵甚陷则不惧，无所往则固，深入则拘，不得已则斗"。所以，李愬选择了在风雪严寒之夜，让士兵"由不虞之道，攻其所不戒"，最后一举拿下了蔡州城，活捉了吴元济。

岳钟琪平叛

雍正元年（1723年），居住在青海的厄鲁特蒙古和硕特部首领罗卜藏丹津率领数十万人发动叛乱，并胁迫青海蒙古各部首领于察罕托罗海会盟，妄图实现兼并青海、蒙古各部的野心，这一举动严重威胁到清朝在青海地区的统治。

同年，雍正帝派川陕总督年羹尧负责平叛军务，四川提督岳钟琪率军前往接应。清军一方面截断叛军进犯内地、退入西藏的通道，另一方面出兵归德堡（今青海贵德），重创叛军主力。

1724年一月，岳钟琪率军深入青海腹地，猛攻郭隆寺，歼敌六千余人，极大地震慑了叛军。罗卜藏丹津见大势已去，一面上书"请罪"乞和，而一面却暗地里聚众十万，据守柴达木地区乌兰木和尔，想要继续顽抗。岳钟琪分析当前局势，认为敌人此时元气尚未恢复，应当趁此机会用精悍的轻骑兵快速袭击其老巢。朝廷采纳了岳钟琪的建议，委任他为奋威将军，主持西征战事。

同年二月，岳钟琪率领精兵五千、战马万匹，以迅雷不及掩耳之势攻取了位于哈达河边的敌军据点，然后马不停蹄地翻越崇山，直抵敌军大本营。

在岳钟琪的指挥下，清军骑兵一路势如破竹，直入敌营，叛军毫无戒备，被这突如其来的攻击打得晕头转向，顷刻间溃不成军。罗卜藏丹津见势不妙，慌忙换上妇女的服装，带领残部逃走，余下的人只能纷纷伏地请降。岳钟琪发现敌酋逃走，立刻率军追击，一直追到桑骆海，除罗卜藏丹津只身逃往准噶尔之外，余众尽数被俘获。

岳钟琪仅率千余众深入重地，倚仗快速出击的战术，一举捣毁敌军的大本营，歼敌数万，这一战正是突袭战的典范。

商业案例

茅台酒走向世界

孙子所谓"衢地"，指的是四通八达、敌我与其他诸侯国接壤的地区，一般都离本土较远，是交战各方必争的战略要地。谁能抢在前面占领它，谁就能掌握战争的主动权。古今中外的军事家们无不为夺取衢地而绞尽脑汁，留下了许多著名战例。

在现代商战中，形形色色的"商品交易会""博览会""展销会"不时在世界各地隆重举行。"会议"的所在地，便成了企业家们商战中的"衢地"。谁能在会上出风头，成为获胜者的概率就要大很多，商业合作机会也会比以前更多。

1915年，当茅台酒第一次在巴拿马万国博览会上开瓶时，它飘散出来的浓香，一下子征服了各国的评酒大师。茅台第一次在国际展台亮相，就立刻步入国际名酒的行列。

据史料记载，茅台酒的酿造开始于汉武帝年间，距今已有两千多年的历史。而正是凭借巴拿马万国博览会这一盛大的舞台，茅台酒才真正走向了世界。

快速反应留住市场

孙子说："兵之情主速。"用兵打仗如果速度缓慢，那么自己很有可能先被敌人一口给吃掉了。猛狮逐鹿，兔起鹘落，一个"速"字决定生死。

战争需要速度，办企业、搞经营也需要速度。有句俗话说得好：当真理还在穿鞋子的时候，谣言已经跑遍了全世界。所谓"众口铄金，积毁销骨"，当发生危急公关事件时，任何一家企业都应该建立快速反应机制，果决行动，从而迅速控制事态，否则会扩大突发危机的范围，甚至可能失去对全局的控制。

1993 年 7 月，美国百事可乐公司突然遭遇谣言袭击：罐装百事可乐内出现了注射器和针头，甚至有人活灵活现地描述针头如何刺破了消费者，说得真是有鼻子有眼。人们立刻把此事与传染艾滋病联系起来。一时间，许多超级市场把百事可乐纷纷从货架上撤走。面对这突如其来的灾难，美国百事可乐公司的高层迅速作出反应，在第一时间内作出三项决策：第一，先向投诉者道歉，后邀请其到生产线上参观，使其确信百事可乐质量可靠，还给予其一笔可观的奖金以示安慰；第二，不惜代价买下美国所有电视、广播公司的黄金时间和非黄金时间，反复进行辟谣宣传，并播放百事可乐罐装生产线和生产流程录像；第三，与美国食品与药物管理局密切合作，由该局出面揭穿这是件诈骗案，政府部门主管官员和公司领导人共同出现在电视荧屏上，事实得以澄清。

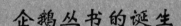

企鹅丛书的诞生

面对突发事件，临危不乱，快速、及时、果断地采取应对措施，甚至可以拯救一个企业的生命。

艾伦·莱恩是英国人，他在年轻时就继承了伯父的事业，出任了希德出版社的董事。当时，出版社的处境已是举步维艰，几乎陷入绝境。

针对当时图书市场上只有高价精装书和庸俗读物的情况，莱恩决定出版价格低廉的平装书。第一套平装系列丛书共十本，规格也比精装本缩小了。这样不仅节省了封面制作的成本，也节省了纸张，再加上莱恩决定以购买再版图书重印权的方式出版这十本书，因而大大降低了成本费。莱恩把每本书的价钱压到六便士，这样，人们只要少吸六支香烟就可买到一本书。

这套书的封面很引人注目，这是因为莱恩在上面设计了一个惹人喜爱的丛书标志物——一只翘首站立的小企鹅。因此，莱恩把这套丛书起名为"企鹅丛书"。莱恩还用颜色表示图书的类别：紫色为剧本，浅蓝色为传记，橘红色为小说，灰色为时事政治读物，绿色为侦探类作品，黄色为其他类别读物。这一系列的改革使这套书不仅在外观上鲜艳明快，让人耳目一新，而且在装订上显得简单朴实，印刷上更是字迹工整。

1936 年元旦，希德出版社改名为企鹅图书公司。企鹅图书公司一直坚持薄利多销、为大众服务的原则，因此能垄断英国平装书市场二十多年。

【点评】

战争不仅是智谋的较量，也是力量、意志、决心和勇气的决斗。孙子说"围地则谋，死地则战"——当陷入九死一生的绝境时，利用全军将士的求生之心，激发他们决一死战的勇气，反败为胜，是

为"陷之死地而后生"。

战争中是这样，生活中也是如此。一个初出茅庐的求职者在残酷的竞争中处处碰壁，一个小企业濒临破产的窘境，一个城市面对突如其来的灾害，一个人突然遭受流言蜚语的攻击……生活就是如此，不管你愿不愿意，它就是会突然间给你设置前有恶虎当道、后有饿狼追随的绝境，而且更不巧的是你正走在独木桥上，桥下是湍急的河流。

怎么办？如果你瘫倒在地，那么就成为虎狼的美餐了。不如跳下河去，也许有机会游到没有危险的浅滩。如果你不会水，那就只能选择从狼和虎的防线上突破。哪边胜算大，哪怕大一点点，也要鼓起勇气，作最后一搏。也许不一定每次都能赢，但是如果不去试，那就肯定连赢的机会都没有。

战争是最残酷的一项人类活动，它令人生离死别、家破人亡。"不战而屈人之兵"的案例毕竟是少数，既然战争不可避免，既然不是你死就是我亡，那就不如"投之无所往"，奋"诸、刿之勇"，或者可以"陷之死地而后生"。

一位母亲见自己的孩子从十层楼高的窗台上掉了下来，就在那一瞬间，她不知从哪里爆发出来的力量，从十几米远的地方飞身冲到楼底下接住了孩子！这个速度，比有记录的人类最快的短跑速度还快。

事后，这位母亲本人也感到万分惊讶，她说自己当时其实什么也没想，一心只想着一定要在孩子落地之前接住他。正是这种强烈

的心情让她柔弱的身躯爆发出了"投之无所往"的力量。

人们常常嘲笑"困兽犹斗"，但是这种求生精神又何尝不令人动容？在漫漫人生道路上，碰到挫折与困境，一定要鼓起"投之无所往"的勇气，战胜它们，即使被打败，也不可失去尊严。

九地篇

火攻篇

【导读】

　　本篇主要论述了火攻的种类、条件和实施方法，主张火攻与兵攻相结合。同时阐述了"主不可以怒而兴师，将不可以愠而致战"的慎战思想。

　　此篇体现了孙子重利的原则。合于利则动，不合于利则止。只有在有利可图的情况下，才可以实施行动。如果在行动的时候，受到性格、情绪、恩怨等因素的影响，只顾逞匹夫之勇，那么结果只能是损失利益，或是抱恨终生。

【原文】

　　孙子曰：凡火攻有五：一曰火人①，二曰火积，三曰火辎②，四曰火库，五曰火队③。行火必有因④，烟火必素具⑤。发火有时，起火有日。时者，天之燥也；日者，月在箕、壁、翼、轸也⑥，凡此四宿者⑦，风起之日也。

凡火攻，必因五火之变而应之⑧。火发于内，则早应之于外。火发兵静者，待而勿攻，极其火力，可从而从之⑨，不可从而止。火可发于外，无待于内，以时发之。火发上风，无攻下风。昼风久，夜风止。凡军必知有五火之变，以数守之⑩。

故以火佐攻者明⑪，以水佐攻者强。水可以绝，不可以夺⑫。

夫战胜攻取，而不修其功者凶⑬，命曰费留⑭。故曰：明主虑之，良将修之。非利不动，非得不用⑮，非危不战。主不可以怒而兴师，将不可以愠而致战⑯。合于利而动，不合于利而止。怒可以复喜，愠可以复悦，亡国不可以复存，死者不可以复生。故明君慎之，良将警之，此安国全军之道也。

【注释】

①火人：指焚烧敌军人马。

②火辎：指焚烧敌军辎重。

③火队（suì）：指焚烧敌人的运输设施。队，通"隧"，指运输设施。

④因：条件。

⑤烟火必素具：发火用的器材必须平时就准备妥当。烟火，指发火用的器具、燃料等物。素，平素、经常。具，准备。

⑥箕、壁、翼、轸：中国古代星宿名，是二十八宿中的四宿。

⑦四宿：即箕、壁、翼、轸四个星宿。古代认为月亮运行到这四

个星宿位置时多风。

⑧应：策应。

⑨从：跟从，这里指进攻。

⑩数：指前文所说的"发火有时，起火有日"等火攻条件。

⑪明：这里指效果显著。

⑫夺：剥夺，这里指焚毁敌人的物资器械。

⑬修：修治，引申为巩固。

⑭命：明命。费留：白费。留，通"流"。

⑮非得不用：不能取胜就不要用兵。得，得胜、取胜。用，用兵。

⑯愠（yùn）：怨愤、恼怒。

火攻篇

【译文】

孙子说：火攻的方式有五种：一是火烧敌军人马，二是焚烧敌军粮草，三是焚烧敌军辎重，四是火烧敌军仓库，五是火烧敌军的运输设施。实施火攻必须具备一定的条件，发火器材平时就要准备妥当。放火要选择适当的时候，起火要选择有利的日期。所谓适当的时候，是指天气干燥；所谓有利的日期，是指月亮行经箕、壁、翼、轸这四个星宿的位置，凡是月亮行经这四宿的位置时，就是起风的日子。

凡是用火攻，必须根据上述五种火攻所引起的变化，灵活部属兵力加以策应。在敌营内部放火，就要早早派兵在敌营外进行策应。火已燃起而敌军依然保持镇静的，就应等待观察，切勿贸然发起攻击，等到火势最猛烈的时候，根据情况，可以进攻就进攻，不可以进攻就要停止。火也可以在敌营外燃放，那样就不必等待内应，只要时机成熟就可以放火。在上风放火时，不可从下风进攻。白天风刮得久了，夜晚就容易停止。军队必须懂得这五种火攻方法的变化运用，等火攻的条件具备时，再来实施。

用火来辅助军队进攻，效果非常显著；用水来辅助军队进攻，攻势可以得到加强。水可以将敌军分割开来，但不能焚毁敌人的军需物资。

大凡打了胜仗，攻取了土地、城池，而不能及时巩固胜利的，会非常凶险，这种情况叫作"费留"。所以说：英明的君主要慎重考虑这个问题，贤良的将帅要严肃处理这个问题。不是对国家有利的，就不要采取行动；没有取胜把握的，就不要用兵；不到危急关头，就不要轻易开战。君主不可以因为一时的恼怒而兴兵打仗，将帅不可以因为一时的愤怒而贸然出战。符合国家利益的才可以行动，不符合国家利益的就要停止。恼怒了还可以重新欢喜起来，愤怒了还可以重新高兴起来，但是国家灭亡了就不复存在了，人死了也不能复生。所以，英明的君主对于战争应该十分慎重，贤良的将帅对于战争应该时刻保持警惕，这是安定国家、保全军队的根本之道。

名家论《孙子兵法》

重战，就是重视战争，提高警惕，加强戒备。平时国家对敌人可能的进攻，应该采取的态度是"无其恃不来，恃吾有以待也，无恃其不攻，

● 火攻有五

火攻是古代作战方式之一。有五种方法，且需要天时、地利、人和等多方面条件配合。孙子专辟此篇单独论述，足见火攻的重要性。

火攻的种类和条件

火攻的种类

火人	火积	火辎	火库	火队
焚烧敌人的人马。	焚烧敌人的粮草。	焚烧敌人的辎重。	焚烧敌人的仓库。	焚烧敌人的运输设施。

火攻的条件

- 发火的器材
- 有利的时机

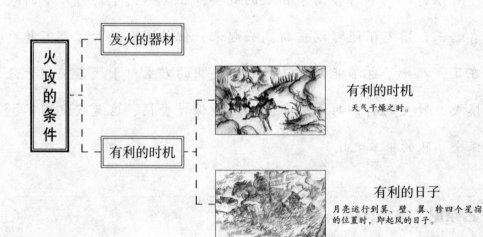

有利的时机
天气干燥之时。

有利的日子
月亮运行到箕、壁、翼、轸四个星宿的位置时，即起风的日子。

恃吾有所不可攻也"。当国家一旦遭受侵犯的时候，就要为挽危救亡而战，采取积极的攻势行动"屈人之兵"，甚至可以打出去，深入敌境，"拔人之城""毁人之国"。但是这一重战原则并不能成为好战者的口实，为了避免片面性，孙子同时还提出慎战原则。

慎战，指对发动战争要取慎重态度。用战是为了安国保民，不是国君将帅逞威泄愤的手段，也不是追求形式上的战胜攻取。……汉简逸文中还有"兵，利也，非好也"的论述。孙子所说的"利"和"功"的落脚点，都在"安国保民"上。《火攻篇》末尾一段话集中地表述了孙子这一思想，他说："非利不动，非得不用，非危不战。主不可以怒而兴师，将不可以愠而致战。合于利而动，不合于利而止。……故明君慎之，良将警之，此安国全军之道也。"

——于泽民

实用谋略

官渡之战

《火攻篇》中说："故以火佐攻者明，以水佐攻者强。水可以绝，不可以夺。"意思是：用火来辅助军队进攻，效果非常明显；用水来辅助军队进攻，攻势可以加强。水可以将敌人分割断绝，却不能像火那样烧毁敌人的粮草军需、物资器械。军队一旦失去了粮草军需，军心就会大乱，战斗也无法继续下去。官渡之战中，曹操就是利用这一谋略，将袁军的粮草尽皆烧毁，使得袁军军心大乱，最终取得了胜利。

东汉建安四年（公元 199 年）六月，占据冀、青、并等州的北方最大割据势力袁绍，在消灭幽州公孙瓒之后，聚集军队十万，战马万匹，开始南下讨伐曹操，官渡之战由此拉开了序幕。

袁绍举兵南下的消息传到许昌，曹军诸将认为己方难以战胜袁绍。曹操却说："我知道袁绍的为人，他缺少智谋，意气用事，表面上逞强，骨子里虚弱，兵力虽多但部署不当，手底下的将官骄横而政令不一。所以他是很难有所作为的。"于是聚兵两万迎击袁绍。

火攻篇

八月，曹操率军占领黄河北岸的重镇黎阳，并派臧霸率领精兵进入青州一带，以巩固右翼，防止袁军从东面袭击许昌；又令于禁率领步骑两千屯守黄河南岸的重要渡口延津，东郡太守刘延驻守白马，以阻止袁军渡河和长驱南下。九月，曹操回到许昌，把主力安置在官渡筑垒固守，以阻挡袁绍从正面的进攻。同时，他还派人镇抚关中，拉拢凉州，以稳定侧翼。

正当曹操全力以赴布置对袁作战时，刘备突然背叛曹操，杀死了曹操的徐州刺史车胄，占据下邳，屯兵沛县，其兵力迅速增至数万人，并联络袁绍，准备与其合力攻打曹操。曹操认真分析当前形势，认为刘备是人杰，是心腹大患；而袁绍见识短浅，绝非自己的对手。于是曹操在次年正月率领精兵东伐刘备。

当时，有人建议袁绍趁曹操攻击刘备的时候，从背后袭击曹军，但袁绍没有采纳。结果曹操顺利攻占了沛县，并趁势收复了徐州、下邳，还迫使关羽投降自己。刘备全军溃败，无奈之下，只好前往河北投靠袁绍。曹操获胜后，把军队撤回官渡，准备与袁绍决战。

同年二月，袁绍亲率大军进抵黎阳，并派郭图、淳于琼、颜良进攻白马城，企图夺取黄河南岸的重要据点，以掩护主力渡河。四月，曹操为赢得主动，亲自率兵北上，准备解除白马之围。出兵白马之前，曹操采纳谋士荀攸的建议，先引兵到延津，佯装要渡河袭击袁绍的后方，袁绍当即分兵救援。曹操却乘机率领轻骑袭击白马的袁军。颜良仓促应战，被关羽斩杀，白马之围得以解除。

袁绍闻讯后，立即派大将文丑与刘备率领五千骑兵渡河追击曹军。而曹军当时只有骑兵五六百人，情急之下，曹操下令军卒解鞍放马，又将辎重丢弃在路旁。文丑大军见到曹军丢弃的马匹、辎重，便你争我抢，乱作一团。曹操见此情形，急令军卒掉头杀向文丑大军。文丑所帅袁军顿时大败，大将文丑也在乱军之中被斩杀。此番曹军连斩颜良、文丑两员大将，袁军大为震惊。袁绍下令把军队退到阳武，曹操也还军官渡固守。

八月，袁绍兵临官渡，依沙堆扎营，东西数十里。曹操也扎下营寨与袁军对峙。九月，曹军几度出击，但均未能取得胜利。这时，袁绍下令构筑橹楼，命军士在楼上用箭俯射曹营，曹军士兵伤亡惨重。为了扭转这种被动局面，曹操命工匠连夜赶造霹雳车，向袁军还以飞石，摧毁了袁军的橹楼。

曹、袁双方的大军对峙月余。其间，袁绍遣刘备领兵去汝南，扰乱曹操后方。又遣韩荀率步骑往西，欲切断曹军西道补给。曹操的部将曹仁领兵击败了刘备，继而大破韩荀于鸡洛山（在今河南密县东北）一带。此时，曹军又得司隶校尉钟繇自关中输送来的二千多匹战马，实力大大增强。

然而，双方相峙日久，曹军粮草将尽，士卒也十分疲乏。面对这一情况，曹操一筹莫展，心里非常着急。与此同时，袁绍命大将淳于琼率领一万余众从后方运来粮草，将粮草囤积在距袁军大营以北四十里的乌巢。袁绍帐下的谋士沮授建议袁绍增兵护卫乌巢，以防曹军袭击，袁绍不听。谋士许攸、将领张郃又建议以轻骑袭击许昌，袁绍仍不采纳。

许攸见自己的建议不被采纳，愤而投奔曹操，并献计偷袭乌巢。曹操听后大喜，当即留曹洪、荀攸守卫官渡大营，自己亲率步骑五千，连夜出发，直奔乌巢。到达乌巢后，曹军立即围住粮屯放火，霎时间，火焰四起，烟雾遮天。袁军的守将淳于琼见曹兵人数不多，于是出营组织反击。曹操挥军猛攻，迫使淳于琼退守营屯。这时，救援乌巢的袁军骑兵已经逼近乌巢，曹操拒绝了分兵阻击援军的建议，仍旧集中兵力攻击乌巢守军，并对身边将官说："敌兵到了我背后才再告诉我。"士卒们见曹操心意坚决，皆殊死拼杀，最后大破乌巢守军，擒杀袁将淳于琼。

袁绍派去攻打曹军大营的张郃、高览二将得知乌巢已被攻破，又闻袁绍对他们二人起疑心，于是投降了曹操。曹操乘势向袁军主力发起进攻，结果大获全胜。袁绍及其子袁谭只带了八百余骑，仓皇逃往河北。历时一年有余的官渡之战，以曹操的全面胜利而宣告结束。

鄱阳湖之战

元末的鄱阳湖之战，是朱元璋在统一江南的过程中，率军在鄱阳湖（今江西鄱阳湖）击败陈友谅军的著名战役。在这场战役中，朱元璋采用火攻战术重创陈军，这也成为其取胜的关键。

元朝末期，朝政废弛，社会动乱，农民起义如火如荼。在江南，形成了两支强大的义军势力——朱元璋军和陈友谅军。为了争夺天下，朱、陈二人展开了一场激烈厮杀。

至正二十三年（1363 年）七月，朱、陈二军在康郎山（在今江西鄱阳湖内）湖面遭遇。当时，陈军巨舰联结布阵，展开数十里，"望之如山"，气势夺人。朱元璋针对其巨舰首尾连接而不利进退的弱点，将己方舰船分为二十队，每队都配备大小火炮、火铳、火箭、火蒺藜、火枪、神机箭和弓弩，下令各队接近敌舰时，先发火器，次用弓弩，靠近敌舰时再用短兵器进行格斗。

朱军大将徐达身先士卒，率舰队勇猛冲击，击败陈军前锋，毙敌一千五百人，缴获巨舰一艘。俞通海乘风发炮，焚毁陈军二十余艘舰船，陈军被杀和淹死者甚众。但朱军伤亡也不少，尤其是朱元璋的坐舰搁浅被围，险遭不测。战斗呈胶着状态，从早晨至日暮，双方未分胜负，最后鸣金收兵，战斗告一段落。

这时，朱元璋亲自率领水师出战。但陈舰巨大，朱军舰小不能仰攻，接连受挫。朱元璋及时采纳了部将郭兴的建议，决定改用火攻破敌。黄昏时分湖面上吹起东北风，朱元璋选择勇敢士兵驾驶七艘渔船，船上装满火药柴薪，朱军迫近敌舰，顺风放火，风急火烈，迅速蔓延。一时烈焰飞腾，湖水尽赤，转瞬之间烧毁陈军数百艘巨舰，陈军死伤过半，陈友谅的两个兄弟及大将陈普略均被烧死。朱元璋挥军乘势发起猛攻，又毙敌二千余人。

陈友谅遭受重创，于是下令把抓到的俘虏全部杀掉以泄愤。朱元璋却反其道而行之，将俘虏全部送还，并悼死医伤，瓦解陈军士气，从而大得人心。陈军内部分崩离析，士气更加低落。

火攻篇

经过一个多月的对峙，陈友谅被困湖中，军粮殆尽，计穷力竭，于是孤注一掷，于八月二十六日，由南湖嘴冒死突围，企图进入长江退回武昌。当行至湖口时，朱军以舟师、火筏四面猛攻，陈军无法前进，复走泾江，又遭伏兵阻击，左冲右突，打不开生路，陈友谅中箭而死，军队溃败，五万余人投降。

鄱阳湖之战中，朱元璋面对舰只庞大、装备精良的陈军，冷静、敏捷地捕捉敌方的弱点，利用风向、水流等自然条件，及时抢占有利攻击阵位，不失时机地实施火攻，充分发挥火器的作用，终于以少胜多、以弱胜强，创造了我国水战史上的著名战例。

火烧博望坡

"火"在善于用兵的人手里，是克敌利器。需要注意的是，火攻并非在敌人的队伍中烧把大火这样简单，它仰仗于精妙的部署，必须确保敌人不知不觉地落入"火"的陷阱，并不给敌人留下任何灭火的机会。

公元 207 年秋天，曹操命夏侯惇、于禁、李典等人率领十万大军到达新野（今河南省新野县），准备攻打刘备。刘备得知这个消息后，便找诸葛亮商议对策。诸葛亮决定用火攻的办法来对付曹军。诸葛亮注意到一个名叫博望坡的地方，准备在这里实施自己的计划。于是，他命令关羽带领一千兵卒埋伏在博望坡左边的豫山，张飞率领一千兵卒埋伏在博望坡右边的安林。诸葛亮告诉关羽和张飞，看到曹军后不要急于开战，注意观察南方，看到南方起火后再纵兵出击。原来，曹军远道而来，必定会携带大量军粮，因此，关羽和张飞的主要任务就是烧掉敌人的粮草。粮草一旦被焚毁，敌人必然惊慌。之后，诸葛亮又安排人手准备引火的东西，命赵云带领一支小队人马到博望坡候敌，他嘱咐赵云："只准输，不准赢。"

曹军很快就抵达博望坡，夏侯惇分出部分精兵做先头部队，其余的则由于禁和李典率领押着粮草走在后面。到博望坡后不久，他们就遇到了赵云。而两军相遇，又少不了一番厮杀。不过，赵云遵从诸葛亮的命令，只输不赢，比画了两下，就假装败退而逃。夏侯惇不知是计，穷追不舍，追到半路又遇见刘备的大军，而刘备也和赵云一样，才刚一交锋，就开始撤退。

赵云和刘备的"不堪一击"让夏侯惇骄傲起来，他一门心思追击刘备等人，而不顾己方负责押运粮草的兵马，也没有注意到自己已进入一片危机四伏的芦苇地。这让跟在后面的于禁和李典非常担心。李典等派人通知夏侯惇，要他注意周围环境，提防刘备实施火攻。夏侯惇这才意识到自己已置身于危险之中。时值秋日，天干物燥，风力又猛，正好为实施火攻创造了大好条件。芦苇丛中突然冒起的熊熊大火让曹军登时乱作一团。滚滚浓烟遮蔽了他们的视线，灼热的火焰将他们一个个逼上死路，偏在这个时候，赵云又领兵杀来，这让本已惊恐不已的曹军更加慌乱。夏侯惇无力组织反击，只好冒烟逃跑。

火攻篇

另一方面，李典和于禁的情况也好不到哪儿去。他们早已顾不上着了火的粮草，一心想着杀出一条血路以脱离危险。不料，他们二人又在路上遇到了关羽，费了很大力气才保住性命，逃回许昌。

张飞在斩杀了数名曹将后赶来和关羽会合，二人都对诸葛亮大为钦佩。曹军被杀散后，刘备将兵力聚集一处，将缴获来的曹军物资分发给手下的将士，然后兴高采烈地返回了新野。

在博望坡之战中，诸葛亮运用火攻计，重挫了来势汹汹的强敌。

商业案例

巧借东风而生财

在战争中巧借水、火之势，可以化劣势为优势，从而以弱胜强。现代商战中，思维敏捷的商人往往巧借各种辅助力量，取得良好的市场效益。

1992年，湖南常德举办了首届桃花源游园会、国际文化研讨会，商品成交额高达十几亿元，引进外资项目也有数十个，这是借东晋大文学家陶渊明的名作《桃花源记》而生财。巴西的贝利是一代"球王"，而"贝利"成了著名商标，这是借"名"生财。浙江温州人通过海外华侨的商店出售自己的产品，这是借"地"生财。日本的吉田忠雄买来美国生产拉链的机器，又首创用各种不同合金材料制作拉链，其产品产量占全世界总产量的35%，年销售额达二十多亿美元，这是"借鸡下蛋"而生财。诸如此类，不胜枚举。

"它山之石，可以攻玉。"不管是在现代战争、商战、体育竞赛里，还是在高科技发明创造中，巧借东风，巧妙利用外在辅助力量，是杰出的军事家、企业家、教练员、运动员和科学家们取得事业成功的重要手段之一。

【点评】

火攻是古代战争中常用的一种攻击方法，之所以常用，在于火攻的效果明显，破坏力大，而攻击所付出的代价却很低。本篇主要从火攻的种类、条件和实施方法几个方面对火攻进行了论述。

在《火攻篇》的最后，孙子强调了巩固胜利的重要性。认为即使是取得了战争的胜利，但不能将其巩固，这也是十分危险的事情。

孙子还语重心长地告诫君主和将帅们用兵作战要慎之又慎，不能因为一时的冲动愤怒而举兵作战，战争的出发点就是要对国家有利。我们可以看出，孙子是一个对于国家和人民非常负责任的将领，他把将帅的职责和使命看得十分重大。

孙子告诫国君和统帅对待战争要谨慎，不可因一时之怒而妄逞干戈。我们在生活中，在做任何一件事情之前，都应该理性地克制个人情绪，控制自己的行为，决不可逞一时之气。

用间篇

【导读】

　　本篇主要论述用间的重要意义，以及间谍的种类及使用方法，强调任用智能之士为间谍定能成就大功，提出了先知敌情、"不可取于鬼神""必取于人"的朴素唯物主义观点。本篇与论述战略决策的《始计篇》首尾呼应，使孙子"知彼知己""先胜而后求战"的"全胜"思想得以贯穿始终。

【原文】

　　孙子曰：凡兴师十万，出征千里，百姓之费，公家之奉①，日费千金；内外骚动，怠于道路，不得操事者②，七十万家③。相守数年④，以争一日之胜，而爱爵禄百金，不知敌之情者，不仁之至也，非人之将也，非主之佐也，非胜之主也。

　　故明君贤将，所以动而胜人⑤，成功出于众者，先知也⑥。先知者，

255

不可取于鬼神⑦，不可象于事⑧，不可验于度⑨，必取于人，知敌之情者也。

故用间有五：有因间⑩，有内间，有反间，有死间，有生间。五间俱起，莫知其道⑪，是谓神纪⑫，人君之宝也。因间者，因其乡人而用之⑬。内间者，因其官人而用之⑭。反间者，因其敌间而用之。死间者，为诳事于外⑮，令吾间知之，而传于敌间也。生间者，反报也⑯。

故三军之事，莫亲于间⑰，赏莫厚于间，事莫密于间⑱。非圣智不能用间⑲，非仁义不能使间⑳，非微妙不能得间之实㉑。微哉！微哉！无所不用间也。间事未发，而先闻者，间与所告者皆死。

凡军之所欲击，城之所欲攻，人之所欲杀，必先知其守将、左右、谒者、门者、舍人之姓名㉒，令吾间必索知之。

必索敌人之间来间我者，因而利之，导而舍之㉓，故反间可得而用也。因是而知之，故乡间、内间可得而使也。因是而知之，故死间为诳事，可使告敌。因是而知之，故生间可使如期。五间之事，主必知之，知之必在于反间，故反间不可不厚也。

昔殷之兴也，伊挚在夏㉔；周之兴也，吕牙在殷㉕。故惟明君贤将，能以上智为间者㉖，必成大功。此兵之要，三军之所恃而动也。

【注释】

①奉：同"俸"。

②操事：这里指操作农事。

③七十万家：指出兵打仗，要有大量民众承受繁重的徭役、赋税，而不能正常地从事生产劳动。

④相守：相持。

⑤动：举动。

⑥先知：这里指事先知道敌人的情况。

⑦取于鬼神：指用祈祷、祭祀鬼神和占卜等办法取得（敌情）。

⑧象：相类。

⑨不可验于度：指不能用日月星辰运行的位置来验证敌情。验，验证、应验。度，度数，这里指日月星辰运行的度数（即位置）。

⑩因间：即本篇下文所说的"乡间"——依靠与敌人的乡亲关系来直接获取情报，或利用与敌军官兵的同乡关系打入敌营，从事间谍活动以获取情报。

⑪道：途径、规律。

⑫纪：即道。

⑬因：凭借、根据。

⑭官人：这里指敌国官吏。

⑮为诳（kuáng）事于外：假装泄露机密，故意向外散布虚假消息，以欺骗、迷惑敌人。诳，迷惑、欺骗。

⑯反：通"返"。

⑰三军之事，莫亲于间：军队中没有比间谍更为亲信的了。

⑱密：秘密、机密。

⑲圣智：才智超群。

⑳非仁义不能使间：指如果吝惜爵禄、金钱，不能真诚对待间谍，就不能使其乐于效命。

㉑非微妙不能得间之实：不是用心精细、手段巧妙的将领，不能获得间谍的真实情报。实，这里指实情。

㉒守将：指主管将领。左右：指守将身边的亲信。谒（yè）者：指负责传达通报的官吏。门者：指负责守门的官吏。舍人：指守将的门客幕僚。

㉓导：引导、诱导。舍：释放。

㉔伊挚：伊尹。他原是夏桀之臣，商汤用他为相，灭了夏桀，建立了商（又称殷）。

㉕吕牙：姜子牙，俗称姜太公。他原为殷纣王之臣，周武王姬发在他的辅佐下，打败了纣王，建立了周朝。

㉖上智：指具有很高智谋的人。

【译文】

孙子说：凡是出兵十万，千里征战，百姓的耗费，公家的开支，每天都要花费千金；国内局势动荡不安，民众（为战事所迫而）疲惫于道路，不能从事耕作劳动的，多达七十万家。交战双方相持数年，是为了有朝一日赢得胜利，如果因为吝惜爵禄和区区百金钱（而不肯重用间谍），以致不能了解敌情而遭受失败，是不仁到了极点，（这种人）不配做统率三军的将领，不配做君主的助手；这样的国君，不是能打胜仗的好国君。

所以，英明的君主和贤良的将帅，之所以一行动就能战胜敌人，而成就超出于众人之上，是因为他们能够事先了解敌情。事先了解敌情，不能用求神问鬼的方式来获取，不能用相似的事情作类比，不能根据日月星辰运行的位置去进行验证，而是必须从了解敌情的人那里获取。

使用间谍的方式分为五种：因间、内间、反间、死间、生间。同时使用这五种间谍，能使敌人无从知道我用间的规律（从而无以应对），这是神妙莫测的道理，是国君克敌制胜的法宝。所谓"因间"，是指利用敌人的同乡做间谍。所谓"内间"，是指利用敌方的官吏做间谍。所谓"反间"，是指收买或利用敌方的间谍为我所用。所谓"死间"，是指故意散布虚假情报，并通过我方间谍把情报传达给敌方间谍，使敌人上当受骗（然而敌人一旦发现上当，我方间谍往往难逃一死）。所谓"生间"，是指派往敌方侦察而能活着回来报告敌情的人。

所以军队中的亲信，没有比间谍更为亲信的了，奖赏没有比间谍更为优厚的了，事情没有比间谍所做的更为机密的了。不是才智超群的人不能使用间谍；不是仁慈慷慨的人不能使用间谍；不是谋虑精细、手段巧妙的人不能获得间谍所提供的真实情报。微妙啊！微妙啊！无时无处不可以用间。用间的计谋尚未施行，而秘密已经先行泄露的，那么间谍和知道机密的人都要被处死。

凡是想要攻打的敌方军队，想要攻占的敌方城邑，想要刺杀的敌方人员，都必须先了解主管将领、左右亲信、负责传达通报的官员、

● **成功出于众者，先知也**

　　└─ ┘ 能事先知道敌方的情报，了解对方行动的人，方能
　　　　　胜过他人。

> **要先了解敌人的情况**

┌─不可迷信鬼神占卜

| 要了解更多的敌情 | ─ ┤ 不可借用过去相似的事件类比 | 借用间谍刺探敌情 |

└─不可靠观察日月星辰位置变动验证

因间

（又叫乡间）利用敌国普通乡民做间谍

内间

利用敌国官员做间谍

反间

利用敌国间谍为我方做间谍

死间

潜入敌营为我方散播假消息以乱视听，一旦事发必死

生间

派往敌方侦察而能活着回来报告敌情的人

功成

奖赏丰厚，加官进爵

事败

牢狱之灾，祸及性命

● **五间俱起，莫知其道**

┗ ┛ 能熟练使用五种间谍，敌人就无法预料你的行动，无法知道你的想法，这样就能探知敌情。

要善于使用"五间"

了解敌方的基本信息

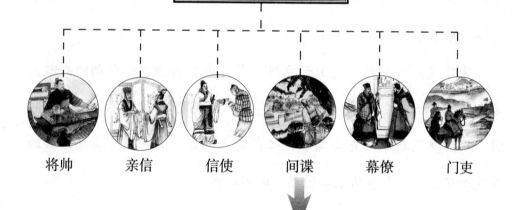

将帅　　亲信　　信使　　间谍　　幕僚　　门吏

内间和因间可以启用 ◀ 策反敌方间谍做我方反间，使其为我方通传消息

死间可以传虚假消息　　生间可以返回报告敌情

君主若能善于使用这五种间谍必将成就大功业

守门官吏以及门客幕僚的姓名，命令我方间谍一定要将这些情况侦察清楚。

必须查出敌方派来刺探我方情报的间谍，根据具体情况对其加以利用和收买，诱导他再放他回去，这样，策反的间谍就可以为我所用了。通过反间得知了敌情，乡间、内间也就可以为我所用了。通过反间得知了敌情，就可以通过死间来散布虚假情报给敌人了。通过反间得知敌情，所以生间就可以按照预定时间返回报告敌情了。这五种间谍的使用，国君都必须懂得，懂得的关键在于如何使用反间，所以，对于反间不可不给予优厚的待遇。

昔日殷商的兴起，是由于重用了在夏为臣的伊尹；周朝的兴起，是由于重用了在殷为官的姜子牙。所以，只有英明的君主和贤能的将帅，能任用智慧高超的人充当间谍，必定能成就巨大的功业。这是用兵的关键所在，是整个军队采取行动所依赖的东西。

名家论《孙子兵法》

孙子主张以"上智为间"，用那些睿智聪颖的智谋之士担当战略侦察的重任，这正反映了他对智战的重视。他举例说："昔殷之兴也，伊挚在夏；周之兴也，吕牙在殷。"吕牙即姜子牙，姜子牙辅佐周武王灭商的故事，由于《封神演义》的广泛流传已为人们所熟知，我不想赘述。这里只把伊挚其人其事略加介绍，以加深我们对《孙子兵法》战略策略思想的认识。

伊挚又称伊尹，尹是官名。伊尹是商汤的右相，协助商汤进行了灭夏的鸣条（今山西永济县）之战。这次战争发生在公元前16世纪初，比孙子诞生要早一千年。当时，商汤为了推翻夏桀的残暴统治，派伊尹深入夏都三年，侦探夏王朝的战略情报。伊尹又协助商汤制定了翦夏羽翼、争取民心、逐步壮大实力的策略。当看到夏桀政治腐败，众叛亲离，败亡之形已露端倪时，他即准确地判断灭夏的条件已经成熟、时机已经到来，于是请求商汤大举出兵。正是由于伊尹做了大量的、多方面的战略侦察工作，因此很快赢得了战争的胜利。

早于孙子一千年的伊尹就有这样的深谋远虑，不能不使我们惊叹。无怪乎孙子竭力主张"未战而庙算胜"，后世的兵家甚至提出"贵谋而贱战"（《汉书·赵充国》），"以计代战一当万"（《晋书·杜预传》）。因为，它实在是军事斗争中的一柄利剑。

——吴如嵩

实用谋略

陈平离间项羽君臣

孙子特别重视"用间"的重要意义，认为这是用兵作战的要事之一，并强调在使用间谍时，必须机智、果敢和精心细致。刘邦离间项羽君臣的故事，就是用间计的典型事例。

公元前 203 年，楚汉之争已经到了最为激烈的时候。这时，刘邦已被项羽困在荥阳城中达一年之久，无论是外援还是粮草都已断绝。

刘邦派人向项羽请和，但是项羽不肯答应。刘邦内外交困，无计可施，只好去找谋士陈平商量对策。陈平献计道："项羽为人刚愎自用，猜忌多疑，他所依赖的不过是亚父范增、锺离昧、龙且等人。况且，项羽每次赏赐功臣时，都吝惜爵位和封邑，因此人们都不愿为他效命。大王如能舍得几万金，实施反间计，离间项羽君臣的关系，一旦项羽阵营发生内讧，我军就能乘机发起反攻，那时定能击败楚军。"

刘邦听到这一建议，觉得很有道理，于是立刻拿出四万金，交给陈平，让他负责实施计谋。陈平用重金收买楚军将士，让他们散布流言："锺离昧、龙且、周殷等将领功勋卓著，项王却没有对他们裂土封王。龙且等人心中不满，打算与汉王联合，等到消灭项王之后，平分项王的土地。"谣言逐渐传到项羽耳中，项羽果然因此起了疑心，不仅不再与锺离昧等人商议军机大事，甚至开始怀疑亚父范增，对范增越来越不尊敬。适逢刘邦派使者与项羽议和，项羽便派使者回访，企图借机探察谣言的真伪。

陈平听说项羽派来了使者，心想正中自己下怀，立刻指使侍从拿出上等的餐具和精美丰盛的食品，送入使者房间。使者刚一进屋，就被热情地邀至上座，陈平见到使者，对范增赞不绝口，又再三问起范增的起居情况，并附耳低声问："亚父有何吩咐？"使者不解地说："我是霸王派来的，不是亚父派来的。"陈平一听，佯装惊讶道："我本来以为是亚父派来的使者，谁知却是项王的使者！"马上叫了几个下人撤去上等酒席，随后把使者领到另一间布置极为简陋的客房，换上劣等的食物和餐具，陈平则一脸不高兴地拂袖而去。楚使没想到会受此大辱，心中气愤难平，回去后便一五一十地报告给了项羽，项羽越加确定范增私通汉王。

此时的范增还不知道项羽已经对他产生了怀疑，几次劝项羽速取荥阳，项羽却拒不听从。过了一段时间，范增也听到了军中的谣言，再联想到项羽的态度，便知道自己已经被怀疑了，于是对项羽说："天下大事成败已经基本定了，请大王好自为之，我年岁大了，身体不好，希望大王能让我回乡养老。"

不料项羽十分薄情，竟然当场答应了他的请求，言语间毫无挽留之意。范增想到自己对项羽忠心耿耿，最后竟然落得如此下场，不禁又气又恨，加上他年事已高，归乡途中一病不起，最后死在路上。

陈平见反间计奏效，便让一位将领冒充刘邦开东城门出降，以吸引楚军的注意力，而刘邦本人和陈平等人则在众将的掩护下趁机从西门离开，匆匆逃离荥阳。

蒋干盗书

用间用得巧妙，可以诱使敌人内部不和，激化其矛盾，从而达到削弱敌人的目的。

东汉末年，曹操占领荆州之后，因为北方士卒不习水战，于是任用荆州降将蔡瑁和张允为都督，让他们负责训练水军，为进攻江东做准备。

蔡、张二人久居荆州，深谙水战之法，一旦真让他们训练水军，将会对江东造成极大的威胁。东吴大都督周瑜对此十分担忧，想除掉蔡瑁、张允二人，但一时又想不出良策来。

一天，周瑜正在帐中议事，有人通报说曹操的谋士蒋干来访。周瑜闻讯，立刻猜出了蒋干的来意，他突然计上心头，于是如此这般吩咐了一番，让众将士依计而行。

蒋干，字子翼，九江（今安徽寿县）人。幼时与周瑜同窗读书，交情颇厚，后为曹操帐下幕僚。这次出访江东，是他主动向曹操请命而来，目的是想向周瑜劝降。

用间篇

周瑜亲自带着部属出帐迎接。众人见面寒暄一番之后，周瑜便挽着蒋干的手一同走入大帐，请文武官员从旁作陪，设宴款待蒋干，并解下腰间佩剑交给大将太史慈，命他掌剑监酒，吩咐道："子翼和我是同窗好友，虽然是从江北过来的，但他并不是曹操的说客，诸位不要多心。今天是我们老同学相见，诸位只准叙朋友之情，不准言军旅之事，若有人胆敢提起两家战事，就立即推出门外斩首！"

蒋干一听，大惊失色，哪里还敢开口说出自己的来意。周瑜又转头对蒋干说："我自领兵以来，向来是滴酒不沾，今日故友相会，定要喝个一醉方休！"说罢，传令军中奏起音乐，自己不等人劝就一杯一杯不停往肚子里灌，很快就喝得酩酊大醉。蒋干满腹心事，因此不敢多饮酒，以免误了大事。

　　宴罢，蒋干搀扶着醉醺醺的周瑜回到帐中，周瑜说很久没有和蒋干见面，一定要与他同榻而眠。说完就和衣而卧，才躺下一会儿就鼾声如雷。蒋干惦记着自己曾在曹操面前夸下海口，不知就这样空手而回该如何交代，哪里能入睡？他看周瑜睡得正熟，帐内残灯尚明，桌上堆满了文书，便翻身下床，一边紧张地注视周瑜的动静，一边翻看文书。翻着翻着，忽见里面有一封书信，细看之下竟是蔡瑁、张允写给周瑜的降书。蒋干看罢，大吃一惊，慌忙将信藏在身上。待要再翻看其他文书，周瑜突然在床上翻了个身，梦中含含糊糊地呓语："子翼，我定叫你在数日之内看到曹操首级。"蒋干含糊答应着，连忙熄灯上床，假装睡下。

　　将近四更时分，只听得有人进帐唤道："都督醒了吗？"周瑜睡眼蒙眬地问："床上睡的是什么人？"那人答："都督忘了吗，是您自己邀请子翼共寝的。"周瑜懊恼地说："我平日从不醉酒，昨天喝醉了，不知可曾说过些什么？"那人道："江北有人过来……"周瑜急忙小声喝止："低声！"又去看蒋干，连叫"子翼"，蒋干只装熟睡，一声不应。周瑜同来人轻轻走出帐外，蒋干则竖起耳朵躲在帐内偷听。那人低声说："蔡、张二位都督道：'急切间无法下手。'……"后面的话因为声音太小，无法听清，蒋干心中着急，但又不敢轻举妄动。过了一会儿，周瑜回到帐内，又连声呼唤蒋干的名字，蒋干不应，仍然蒙头假睡。周瑜遂脱衣上床就寝。

　　蒋干暗想：周瑜为人精细，天亮后若不见了蔡、张二人的书信，

岂肯与我善罢甘休？因此，刚到五更，蒋干就趁周瑜熟睡之机，偷偷地爬起来，溜出帐外，叫上随身小童，径直走出军营，守营将士也不阻拦。蒋干飞快地赶到江边，寻了小船，飞一般赶回江北去见曹操。

曹操看了蒋干呈上的书信后，勃然大怒，立刻唤蔡瑁、张允入帐，不容二人分辩，就命手下武士将其推出斩首。可是刚等二人人头落地，曹操便忽然醒悟，知道自己中了周瑜的计，可惜一切都为时晚矣，只好另换了两个都督训练水军。

就这样，大战尚未开始，周瑜便用反间计轻而易举地除掉了曹军最为得力的两个水军将领，为日后的胜利奠定了基础。

石勒用间智取王浚

西晋末年，爆发了"八王之乱"，百姓无法容忍战乱的祸害，遂纷纷起来反抗。而一些少数民族首领也趁机起兵，建立了割据政权，羯人石勒就是其中的一个。

石勒，字世龙，羯族人。年轻时与汲桑一起追随公师藩造反，他们劫掠郡县，释放囚犯，聚集了一批亡命之徒，势力越来越大。后来，石勒等人在一次战斗中失败，汲桑也被晋军所杀，于是石勒前往投奔已称汉王的刘渊。

石勒归顺刘渊后，东征西讨，为其立下了汗马功劳，他自己的势力也在征战中不断发展壮大起来。公元 311 年，地方豪强王弥密谋除掉石勒，以吞并他的势力，却不慎走漏了消息，结果石勒抢先下手，杀死了王弥，吞并了他的全部人马。

王弥死后，幽州刺史王浚成为石勒最大的威胁。王浚是西晋的地方实力派，早有自立为帝之心，他曾想兼并石勒的势力，但是遭受了失败。尽管如此，石勒的军师张宾叮嘱石勒："虽然王浚兵势衰弱，但要想彻底消灭他，只可智取，不可硬战。如果现在假装归顺王浚，并表示愿意辅助他当皇帝，那么他一定会喜出望外。等到王浚疏于防备时，再一举消灭他，这才是上策。"石勒采纳了这一建议，并依照张宾的计谋行事。

石勒派门客王子春、董肇等人带上许多珍宝去拜见王浚，并附上书信一封。信里石勒对王浚十分恭维，并表示希望王浚能顺应天意民心，登基称帝；又表示自己将会像对待亲生父母那样崇敬拥戴王浚。

在给王浚上书献宝的同时，石勒还让使者以重金笼络王浚的心腹近臣枣高。王浚见石勒归顺，高兴万分，当即将王子春等人封侯，并派使者以地方特产答谢石勒。不久，王浚的部下阴谋叛变，并派使者去向石勒请降，石勒当场杀了使者，将此事告知王浚，以表忠诚。王浚因此更加信任石勒。

后来，王子春与王浚的使者一同归来。石勒预先得到消息，遂下令将精兵和武器都隐藏起来。使者到达时，石勒摆出迎接天子使节的架势，向北拜见王浚的使者，态度恭敬地接过他的书信。王浚赐给石勒拂尘，石勒先是假装惶恐不敢收下，等勉强接受后又毕恭毕敬地把它挂在墙上，每天早、晚都要对着拂尘敬拜。与此同时，石勒派董肇向王浚上书，约定日期亲自去幽州奉上皇帝的尊号。王浚的使者回去后，把这些情况告诉王浚。王浚认定石勒忠贞不二，至此疑心尽释。

石勒经过反复刺探，确信王浚已经相信了自己，便开始着手准备消灭王浚。

石勒先召见王子春，命他汇报幽州的情况。王子春说："幽州去年发生大水灾，百姓连饭都吃不上，王浚手中有数百万斤粮食，却坐视百姓挨饿，不肯开仓放粮。而且王浚征收赋税极为频繁，统治苛刻残酷，又不听忠言，残害贤臣良将，属下无法忍受，背叛逃亡的有很多。在外，鲜卑、乌桓与其离心离德；在内，枣高、田矫贪虐横暴，军队疲敝，人心动摇。而王浚还口出狂言，说汉高祖、魏武帝都不足以与他相提并论。"

用间篇

得知王浚众叛亲离，幽州又正陷于饥荒贫困之中，石勒遂决定发兵突袭幽州。但他又怕并州刺史刘琨趁机从背后偷袭。张宾建议利用刘琨与王浚的矛盾，写信请求刘琨允许自己讨伐王浚来将功补过。石勒按张宾的意思，安抚住了刘琨，解除了后顾之忧。

公元 314 年，石勒率领轻骑日夜兼程向幽州进发。石勒到达易水时，王浚手下的督护孙纬收到消息，立即派人给王浚送信，请求抵抗。不料王浚却说："石勒到这里来，是要拥戴我当皇帝的。如果有谁还敢再说石勒的坏话，我就立刻处死他！"

不仅如此，王浚还大设宴席等待石勒的到来。清晨，石勒率军赶到蓟县，让守城的人开门。因为一切都进行得太过顺利，石勒怀疑城内有埋伏，还想出了一条计策来应对：他先驱赶了几千头牛羊，声称是献给王浚的礼物，实际上是用这些数量众多的牲畜来堵塞街巷，使王浚的军队无法出战。

直到这时，王浚才意识到大势不妙，可惜已经太迟了。结果，王浚为石勒所擒，后被处死。就这样，石勒占据了幽州，吞并了王浚的军队，为其以后自立为赵王创造了条件。

从这个故事中，我们不难看出，孙子所说用间的方法，石勒都已掌握，并能熟练运用，他之所以能轻取王浚，正是连续用间的结果：石勒的门客王子春为生间，他被派往王浚营中，一方面投书示好，一方面侦察王浚在幽州的政治和军事情况；石勒又以重金收买了王浚的心腹枣高，将其作为内间，使得王浚对石勒更加信任；石勒又巧妙利用王浚使者，在其来访时制造假象，让使者将虚假情报带回，成功地蒙蔽了对方。

通过连续用间，石勒在全面掌握敌情、占据先机的同时，也使王浚彻底陷入了错误的认识和判断之中，为最后的出奇制胜创造了条件。

商业案例

数说商业间谍

在激烈的商战中，谁领先一步，谁就稳操胜券；谁落后一步，谁就会被排斥在市场的大门外，甚至导致公司破产，名败身亡。为了获取商业情报，公司与公司之间，商业谍战几乎趋于白热化。

在一项针对美国1558家大公司的调查中，有1224家公司毫不隐讳地说，他们拥有自己的间谍网，经常（有时是不得不）对对手搞工业间谍活动。美国海湾石油公司说，他们一年就"流失"了数千份提取、提炼石油新技术的资料，其中，有的资料仅仅一份就值100万至500万美元。

在法国，情况也是如此。以1980年为例，仅有据可查的工业间谍盗窃案就有58562起，损失多达几十亿法郎。美国著名的安全问题专家贝奎说："在美国，小公司偷大公司，大公司偷小公司，人人都在相互偷窃。"他还指出：美国科技成果的失窃，使美国厂商每年至少损失200亿美元。

可口可乐的配方

孙子说，"非微妙不能得间之实"，用间套取敌方机密简直就是一门艺术。相应地，保护自己的机密，防止核心机密泄露，也成了一门关键的艺术。

为了防止企业的经济机密和核心技术泄露，很多企业采取各种措施加强保密工作。自 1886 年，可口可乐的配方在美国亚特兰大诞生以来，一直保密至今。在与合作伙伴的贸易中，可口可乐公司从来只向合作伙伴提供半成品，获得其生产许可的厂家只能得到浓缩的原浆配合可口可乐成品的技术和方法，却得不到原浆的配方和技术。

可口可乐公司历任领导人都把保护秘方作为首要任务。为了保护这一秘方，可口可乐公司将这一饮料的发明者约翰·潘伯顿手写的秘方藏在银行的保险柜中。谁要查询这一秘方必须先提出申请，经由信托公司董事会批准，才能在有官员在场的情况下，在指定的时间内打开。

可口可乐的核心技术由三种关键成分组成，这三种成分分别由公司的三个高级职员掌握，三人的身份被绝对保密。同时，这三个高级

职员签署了"决不泄密"的协议，而且，连他们自己都不知道另外两种成分是什么。三人不允许乘坐同一交通工具外出，以防止发生飞机失事等事故导致秘方失传。截至2000年，知道可口可乐秘方的总共不到十人。而在技术如此发达的今天，可口可乐的秘方依然未被破解。将保密工作做得如此天衣无缝，无怪乎可口可乐能长期在饮料市场独占鳌头。

用间篇

【点评】

在本篇一开始，孙子就着重论述了使用间谍的重要意义。我们知道，孙子对于制胜的重要理念之一便是"知己知彼，百战不殆"，这个理念也无不体现在《孙子兵法》的每一章节中。

在日费千金、消耗巨大的战争期间，为战争所困的士兵与人民无不盼望着战争尽快结束，然而在大多数情况下，战争只有两种结果：不是胜，就是负。要想快速地取得胜利，就要制定出行之有效的制敌之法。

而在战争中，谋划和用间贯彻始终，而且互为关联。了解和掌握敌情，是正确制定军事战略战术的基本前提，关系着战争胜负的全局。孙子指出，两国"相守数年，以争一日之胜，而爱爵禄百金，不知敌之情者，不仁之至也，非人之将也，非主之佐也，非胜之主也"。使用间谍作为探知敌方内幕实情最有效的办法，虽然耗费"爵禄百金"，但与劳民伤财的战争本身相比，绝对"物超所值"。

孙子把因为爱惜爵禄而不重用间谍的统治者视作极为不仁的人，还说："成功出众者，先知也。"认为要想获得战争的成功，就必须预先知晓敌情。而用间除了有此作用以外，还有一层更为重要的意义，那就是通过间谍将假信息、假情报传递给敌人，误导对方，以此来达到改变敌人作战意图，削弱其力量的目的。

用间篇

三十六计

第一套 胜战计

第一计 瞒天过海

【原文】

备周则意怠[1]，常见则不疑。阴在阳之内，不在阳之对[2]。太阳，太阴[3]。

【注释】

①备周则意怠：防备十分周密，往往容易让人意志松懈，削弱战斗力。怠，松懈。

②阴在阳之内，不在阳之对：兵法上指秘计往往隐藏在公开的事物里，而不是处在公开事物的对立面上。阴阳乃我国传统哲学和思想文化的基点，有关阴阳的思想不仅笼罩了整个宇宙，而且影响了所有

意识形态领域。阴阳学说将宇宙万物都看作对立统一体，表现出朴素的辩证思想。"阴阳"之说最早见于《易经》一书，但"阴气""阳气"之说最早是由道家创始人老子提出的。此计中所讲的"阴"，意思是机密、隐蔽；"阳"，意思是公开、暴露。

③太阳、太阴：相传伏羲以阴阳集成八种图形，即八卦。周文王又将其推演为六十四卦。阴阳在军事上涉及的范围十分广泛，无论是阴晴雨雪等天时气象，还是山川湖泽等地理形态，又或是攻防进退等战略战术，都可以分为阴阳相对的关系。一般来说，柔、暗、后、奇、虚等为阴，刚、明、先、正、实等为阳。阴中寓阳，阳中隐阴，二者可以互相转化，阳发展到极端必然转变为阴，阴发展到极端必然转变为阳。

【译文】

防备得十分周密，往往容易让人松懈大意；经常见到的人和事，往往不会引起怀疑。把秘密隐藏在公开的事物中，而不是和公开的形式相对立。非常公开的事物中往往蕴藏着非常机密的事物。

【计名讲解】

此计名出自《永乐大典·薛仁贵征辽事略》。

贞观十七年（公元643年），唐太宗御驾亲征，统率三十万大军向高丽进发。当大军浩浩荡荡来到东海边时，只见大海一望无际，海上波浪滔天，此处离都城已经甚为遥远，而高丽远在千里之外的对岸。

三十万大军人数众多，要如何渡过大海？此时的唐太宗开始后悔当初不听房玄龄和杜如晦的劝谏，执意远征高丽，当即召集将领和谋士前来商议，询问是否有过海之计。尉迟敬德说："可以问张士贵。"张士贵是当时的前部总管，于是唐太宗问他："爱卿是否有办法？"张士贵回禀："请让臣思考一下。"然后大家就散了。

张士贵回到自己的营寨后，招来部下商议，部下建议问计于薛仁贵，说他必有奇谋。张士贵请薛仁贵至帐下，对他说了此事。薛仁贵思考了一番，说："皇上担心的是大海阻隔，难征高丽。我有一计，能叫千里海水来日不见半滴。上至皇上，下到小兵，都如履平地，安稳渡海。你意下如何？"然后附在张士贵耳边，将自己的计策如此这般说了一遍，张士贵听罢大喜，于是薛仁贵回去后就依计行事。

数天后，张士贵和诸将领去见太宗，说：当地有一个老人，他听说皇帝在此，就特地前来见驾，并表示三十万大军远渡重洋的军粮全由他一个人负责就可以了。太宗非常高兴，立即传令召见老人。随后，老人请太宗和文武百官前往海边一间华美的房子里去验收粮食。太宗来到海边后，眼前是数不清的房子，而且四壁都用彩帐遮围，而大海则不见踪迹。

老人请太宗进入靠东边的一间屋子，只见室内铺满了彩锦绣幔，地上也铺着厚厚的褥子，桌上早已摆上了美酒佳肴。太宗及百官席地而坐，开怀畅饮，把过海之事忘得一干二净。

过了一会儿，只听四壁的帷幕被风吹得哗哗作响，波涛声响如雷鸣，桌子上的杯盏东倒西歪，众人的身子也晃个不停。太宗不由心生疑惑，忙命近臣拉开帷幕查看，不看则已，一看愕然，外面竟然是一望无际的大海，满目所见皆是海水。太宗大惊，急忙问道："这是在什么地方？"张士贵忙起身奏道："这就是臣的过海之计。现在赶上顺风，陛下及三十万大军正乘船渡海，前往高丽，已经到东岸了。"太宗出去一看，发现自己果然是在船上。事已至此，太宗再无退路，只能下定决心去攻打高丽。

原来，太宗所在的华丽房子并非是什么老人的家，而是由一条大船装饰而成，那位老人正是薛仁贵所扮，这条"瞒天过海"之计正是他所献。

从这个故事可见，"瞒天过海"原意就是瞒着天子——唐太宗，使之在不知不觉中渡过大海。比喻用谎言和伪装隐瞒自己的真实意图，背地里偷偷行动。从兵法上来讲，就是指采用伪装手段，制造公开的假象。这里指人为地造成对方的错觉，以达到获胜的目的。

运筹设谋，既不能不合时宜，也不能在无人地域施用。如夜间盗窃，或在僻巷暗杀，都是愚昧的庸俗行为，绝不是决策者所应有之举。当初孔融被围，太史慈要设法突围救援，便骑着马，执着鞭，带上弓箭，领着两名骑士做随从，并让骑士各自拿着一个箭靶，打开城门走了出去。这时城内的守军和城外的围兵见了大吃一惊，他们看到太史慈等人牵着马走进了城下的堑壕里立上箭靶，在那里练习射箭；练完了箭，便又回城了。第二天又照样如此。那些围城的士兵便有的躺着，有的站着观看，神色不显得那么吃惊了。如此这

孙子兵法·三十六计

第一套　胜战计

281

般的一连练习了好几天，那些围城的士兵便（渐渐习以为常）一个个躺在地上，连看都懒得看了。这时，太史慈认为时机已到，便整好装，扬鞭策马，径直突围而去。等到敌兵醒悟过来时，他已经驰出数里之远了。

● 瞒天过海

以说谎和伪装的手段向别人隐瞒自己的真实意图，而另一方面在背地里偷偷地行动。主要用于战役伪装，以隐蔽军队的集结、发起攻击的时间等，达到出其不意的目的。

防备周到 → 松懈斗志

惯常可见 → 不疑有他

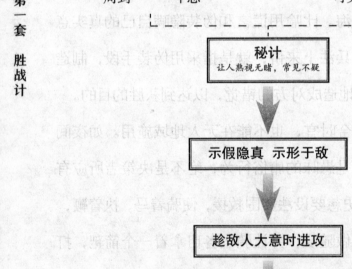

秘计
让人熟视无睹，常见不疑

示假隐真　示形于敌

趁敌人大意时进攻

取得胜利

刘邦荥阳脱困

在战场上，用谎言和伪装向敌人隐藏自己行踪的真实意图，而在背地里采取行动，这就是"瞒天过海"之计。在楚汉相争中，刘邦就曾施用这一计谋，成功地脱离了项羽的包围。

公元前 203 年，刘邦被项羽率军围困在荥阳已经长达一年之久，刘邦几次想要求和，都因项羽手下的第一谋士亚父范增坚决反对而没有成功。

正在这时，幸亏刘邦手下谋士陈平施计离间项羽君臣。项羽中了反间计，赶走了范增这位最得力的谋臣。范增年事已高，又因气恨交加引发了背上的毒疮，没多久就去世了。项羽就此失去了最有力的臂膀。

这时，项羽挥军猛攻荥阳。荥阳被围困已久，粮道和对外联络早已被切断，城中食物匮乏，士兵无力支持。眼看荥阳摇摇欲坠，随时都会被攻破，这时，又是陈平给刘邦献了一计："请大王速速写一封诈降信送给霸王，将投降地点约定在东门。这样，霸王必定会将大军布置在东门外，然后我们再想办法把他在西、北、南门的卫士引到东门去，这样，大王就可以从西门冲出去了。"刘邦认为这个计策可行。

很快，陈平就领着一个名叫纪信的将军来见刘邦。原来此人面目跟刘邦长得颇为相似，陈平打算让他化装成汉王的样子出去诈降，以吸引敌人的注意，使项羽把兵力集中在东门，为己方西门的突围创造条件。

第二天天还没亮，汉军便打开东门，陈平之前征集了两千名妇女，命她们一批一批地从东门出去。围困南、西、北门的楚兵已经听说了汉军求和的消息，放松了警惕，现在一听东门外竟然全是美女，便争先恐后地涌向东门。

就在这闹哄哄的时刻，忽然有人大喊一声："汉王来了！"大家抬头一看，果然见到纪信假扮的"汉王"坐在车驾中，由仪仗队开道，缓缓走出东门，一路上还宣称汉军粮食已尽，不得不投降。楚军士兵听说这一消息，纷纷欢呼，更加你推我搡地要前往东门围观。

纪信一行人一直走到楚营近前，项羽才发现坐在车中的是他人假冒，并非刘邦本人，勃然大怒，欲待追击，然而真正的汉王早已乘着东门一片混乱，带着陈平、张良、樊哙等数十骑，杀开一条血路，从西门逃出，向关中方向而去。

虽然事后项羽杀死了纪信，又杀了刘邦留下的守城官员，怎奈纵虎归山，事情再也无法挽回。后来，刘邦在垓下之战中消灭了项羽，统一了天下。

檀道济唱筹量沙

刘宋时期，大将檀道济曾上演过一出"瞒天过海"的好戏，不但迷惑了敌人，也使自己脱离了困境。

南朝宋武帝刘裕死后，其子刘义隆继位，即宋文帝。元嘉七年（公元430年）十一月，宋文帝任命檀道济为都督，命其率众讨伐北魏。

檀道济北上伐魏，战事最初进行得很顺利，曾多次大破魏军，这使檀道济有些轻敌，开始冒进起来。次年二月，檀道济率军攻打历城时，魏将叔孙建、长孙道生率领一支轻骑截断了宋军的粮道，又一把火烧毁了宋军的粮草。粮草被焚毁，宋军将士无法继续前进，檀道济只好下令全军撤退。

这时，北魏俘获了一批宋军士兵，他们将檀道济大军缺粮的情况告诉了魏军主将。魏军见有隙可乘，就立即追赶，将檀道济的大军包围起来，打算趁此机会一举歼灭宋军。不过，北魏的军队多次败在檀道济的手上，此时对檀道济仍旧十分忌惮，尽管现在已经把宋军团团围困住了，但一时还不敢发起攻击，唯恐又中了檀道济所设的圈套，只得不断派人刺探宋军的虚实，打算在有十足把握的情况下再发起进攻。

内缺粮草，外有伏兵，宋军内部军心浮动，檀道济的处境变得十分危险。如果真的让敌人确定己方已经彻底断粮了，那么敌人一定会主动出击，到时后果将不堪设想。檀道济不愧是久经沙场的老将，在困境之中，他突然注意到营中地形十分独特，于是一条计策就涌上心头了。

不久，檀道济命令士兵在夜里点起灯，称量沙子，边量边高声报出筹码，"一斗，两斗，三斗……"并把量过的沙土堆成一个个高高的沙堆。北魏的探子远远听见唱筹的声音，赶紧回去报告给主将。魏军主将一听，大惊失色，赶紧派人前去查看。而檀道济早有准备，他命人将营中剩余的少部分粮食撒在沙堆表面，远远望去就像是一堆一堆的粮食。探子看到伪装的粮堆，以为宋军粮草充足，就回去把看到的情况告诉给主将。

魏军主将不相信探子的话，就把探子杀了，并亲自带兵去查看。这时，檀道济突然命令全体士兵披挂上阵，而他自己也一反常态，不骑马而改乘车，不披甲而穿一身白色的布服，带领士兵从容前进。魏军见宋军军容严整，认为檀道济在被包围的情况下仍然能如此不慌不忙地撤走，一定是设有埋伏，不敢冒险追击，就这样，宋军安全撤走了。等到北魏士兵知道上当后，宋军已经走得很远了。

刘备巧语欺袁绍

刘备在栖身于袁绍处的日子里，起初，整日思念失散了的关羽和张飞。后来，他得知关羽在曹操处落脚的消息后，又为无法与关羽相聚而忧愁。

一天，汝南的刘辟、龚都遣刘备的故吏孙乾为使，约袁绍与他们合力共破曹操。袁绍由于不知道汝南方面实力如何，一时踌躇未定。这时孙乾在探望刘备时献策说："皇叔不借此机会脱身还等什么？"刘备说："我离开此地又能前往何处？"孙乾说："皇叔可在汝南发展自己的势力，这样关将军日后也能有个寄身之处。不然的话，关将军能冒险来投袁绍吗？白马之战关羽杀了袁绍两员大将，袁绍岂能不忌恨他？"刘备说："卿所虑极是，不过我怎样才能脱身呢？"孙乾笑道："这还不容易？明日袁绍与主公议事时，主公主动请求出使汝南不就得了？"刘备听罢大喜。

第二天，袁绍向刘备计议与汝南合力讨伐曹操大计，刘备便说："待我亲往汝南，探望考察一番再作决策为宜。"袁绍也觉得这样比较稳当，便遣刘备即刻动身。

刘备到了汝南，见刘辟兵寡式微，不能立足，遂打消了留在汝南的念头。于是又回到了袁绍处。

没过几天，刘备又听说关羽已从曹操处脱身，还与三弟张飞会合于古城，且招揽了许多兵马。刘备心想，现在可是从袁绍处脱身的时候了。于是把简雍召请来密议脱身之计。

简雍说："主公明日可去见袁绍，就说前往荆州约刘表共同伐曹。他若应允，我们可以乘机脱身。"刘备问："卿如何脱身？"简雍说："主公不必多虑，我自有脱身之法。"

次日，刘备对袁绍说："刘表镇守荆襄九郡，兵精粮足，我前去约他共同伐曹如何？"袁绍说："我也曾遣使去过他那里，只是他不肯与我合作。"刘备说："我与他同是汉室宗亲，我去劝他，他必不推辞。"袁绍说："若能与刘表结盟，要比与汝南刘辟联合强得多了。"于是命刘备即日起程。

刘备刚走，简雍又对袁绍说："刘表在荆州根基牢固，他与刘备又是同宗，我怕刘备说不成刘表反被刘表说服，留在荆州不归。不如我和他同去，一则可以共同说服刘表，二来可以督促他不日即归。"袁绍说："卿想得很周全，汝可速去。"这样，简雍和刘备联手演了一出"瞒天过海"的好戏，成功从袁绍处脱身了。

这样，刘备、简雍从袁绍处双双脱身，会合了关羽、张飞、赵云一同到汝南驻扎下来。

商业案例

长城饭店名扬海外

瞒天过海之计的显著特点是在行动中隐藏自己的真实意图，并能神不知鬼不觉地实现目的。长城饭店名扬海内外，靠的就是"瞒天过海"。

1983 年，北京长城饭店正式营业，它是我国第一家五星级宾馆，也是第一家中美合资的宾馆。开业伊始，饭店面临的首要问题就是如何招揽顾客。长城饭店的客户主要来自香港、澳门及海外各国和地区，如果用常规广告的方式进行宣传，费用将极为高昂，简直就是天文数字。

起初，长城饭店也曾在美国几家报纸上登过广告，但收效甚微，加上后来经费不足，只得停止。不过，饭店的宣传活动并未就此终止。为了缓解八达岭长城过于拥挤的问题，北京市政府出资整修了慕田峪长城。慕田峪长城刚刚修复好，长城饭店得知了其准备开放的消息，认为这是一个绝好的机会，于是赶紧向慕田峪长城管理处提出举办一次招待外国记者的活动，并表示自己将负责全部费用。双方经过一番磋商，很快达成协议。在这次活动中，有一项内容是请外国记者游览整修一新的慕田峪长城，目的当然是通过外国记者替慕田峪长城打开

知名度。

　　活动开始的这天，当外国记者们陆续到达山顶时，主办方取出法国香槟，供记者们饮用。长城和香槟，分别代表着东西方文化，在这里形成了鲜明的对比，但这个画面又是如此和谐美好。记者们本就拥有比常人更加敏锐的"嗅觉"，自然是连连叫好，同时纷纷举起手中的照相机，把这一场景拍摄下来。而各大报纸的编辑也对这一题材表现出浓厚的兴趣，于是第二天，世界各地的报纸几乎都刊登了这次慕田峪长城行的照片。

　　长城饭店既以"长城"为名，也随之名声大振。长城饭店的公关经理是一位美国小姐，曾经当过记者，这次通过记者的镜头、编辑的笔头将长城饭店介绍给世界，不仅省下了大笔费用，而且所起到的效果远远比广告要好得多。尝到甜头之后，这位精明的公关小姐自然不愿就此停手，于是在心中盘算着举办一次规模更大的公关活动。不过，这样的机遇总是可遇而不可求的。好在功夫不负有心人，机会总算是来了。

　　1984年4月26日至5月1日，美国总统里根访问中国。得到这个重要消息，长城饭店立即着手了解里根访华的日程安排和随行人员名单。得知此次访问有一个五百人左右的新闻代表团随行，其中包括美国的三大电视广播公司、各通讯社及著名的报刊。长城饭店的公关经理喜出望外，酝酿已久的计划终于可以付诸实施了。

　　这个计划具体内容是什么呢？

　　首先，免费邀请美国驻华使馆工作人员来饭店参观，饭店的总经

理亲自征求使馆对服务质量的意见，并多次上门求教。之后就以美国投资的一流饭店应该接待美国的一流新闻代表团为理由，提出了接待里根随行的新闻代表团的请求，并最终获得了接待美国新闻代表团的机会。

其次，饭店对新闻代表团的各项要求都予以满足。为了使各新闻机构能及时将稿件发回国内，饭店主动在楼顶上架起扇形天线，并把高级套房布置成发稿的工作间。饭店对美国三大电视广播公司尤其重视，给予了特殊照顾：露天花园古色古香，饭店将其介绍给 ABC 公司；"艺亭苑"茶园富有中国园林特色，饭店将其中的六角亭介绍给 CBS 公司；顶楼酒吧"凌霄阁"中西合璧，饭店将其介绍给 NBC 公司，这些地方都成了三大公司播放电视新闻的背景。这样一来，西方各国的公众一下子就将长城饭店的精华尽收眼底。总经理还提出，只要广播电视公司在播映时说一句"我是在北京长城饭店向观众讲话"，那么，一切费用从优。其目的自然是为了使公众牢牢记住"长城饭店"这一名字。只是一句话而已，各广播电视公司面对优渥的交换条件当然不会推拒，而长城饭店则在优惠的服务中成功实现了自己的预期目标，将品牌推向了世界。

实现以上两个步骤后，长城饭店再接再厉，又把目标对准了里根总统的答谢宴会。须知这样的答谢宴会规格极高，之前都是在人民大会堂或美国大使馆举行，并没有在其他地方举行的先例。但长城饭店还是大胆作出了尝试。

他们一方面向中美两国礼宾司的首脑及有关执行部门的工作

人员详细介绍饭店情况，向他们提供详细而全面的资料。另一方面，饭店负责人邀请各方首脑及各级负责人对饭店进行参观考察。长城饭店的店容店貌、酒菜质量和服务水平，不仅在中国首屈一指，就算在世界上也属一流，饭店的负责人对此极为自信。

果不其然，到场的中美官员对饭店赞不绝口，美方代表回去后，向里根总统反映了饭店的情况，里根总统听后，立即同意在长城饭店举行答谢宴会。

举行答谢宴会当天，中美首脑、外国驻华使节及中外记者在长城饭店云集。电视将长城饭店豪华宴会厅中的盛况清清楚楚地呈现在世界观众面前。与此同时，美国三大电视广播公司的节目主持人和各国电视台的记者异口同声地说："现在我们是在中国北京长城饭店转播里根总统访华的最后一项活动——答谢宴会……"在衣香鬓影、觥筹交错的画面中，"长城饭店"深深烙在了公众的心中。里根总统的夫人南希回国后给长城饭店写了一封信，信中说："感谢你们周到的服务，使我和我的丈夫在这里度过了一个愉快的夜晚。"

这次盛大而成功的公关活动，让长城饭店声名鹊起，享誉海内外。各国旅游者、经商者、访问团慕名而来，各大旅游公司也纷纷前来签订合同。38个国家的首脑率代表团访问中国时，都在长城饭店举办了答谢宴会。从此，"长城饭店"终于扬名海内外了。

珠宝商的真假王妃之计

用谎言和伪装的手段，实现以假乱真的效果，从而谋取利益，这是许多"聪明"商家常用的方法。

1981年7月29日，查尔斯王子与戴安娜王妃在3500名来自世界各地的嘉宾的见证下，于伦敦圣保罗大教堂举行了世纪婚礼。这次婚礼被誉为20世纪最为隆重的爱情盛事，不仅当年是英国乃至世界的最重大新闻之一，到今天也一直为人们津津乐道。1985年，伦敦一位珠宝商注意到这次婚礼在民众中的巨大影响，于是精心策划了一个促销方案。

这位珠宝商首先找到了一位长相酷似戴安娜王妃的模特，然后让她穿上戴安娜经常穿的衣服，并改成戴安娜的发型。接下来才是重点，珠宝商就她的神态和气质进行了长时间的针对性模仿训练。等到她的一颦一笑、一举一动皆可乱真时，珠宝商开始有条不紊地展开自己的计划。

一天晚上，这家珠宝店灯火通明，服饰整洁鲜明的老板神采奕奕地站在门口，好像在恭候什么要人的光临一样。路边往来的行人顿时被这种架势吸引住了，纷纷驻足观看。

过了一会儿，一辆高级轿车缓缓驶来，最后停在了珠宝店门口。车门打开，众人惊奇地看到"戴安娜王妃"面带微笑、姿态优雅地从车上下来，对聚拢来的行人点头致意。老板笑容可掬、态度殷勤地将"戴安娜王妃"迎进珠宝店，彬彬有礼地向她一一介绍店中各种项链、耳环、钻石等贵重首饰。"戴安娜王妃"一边称赞，一边挑选了几件首饰。而老板早就邀请了电视台记者，将这些场面全部拍摄了下来。

第二天，电视台在黄金时段播放了这段新闻录像。事前，老板还特意关照记者把它拍成"默片"，所以新闻录像从头至尾都没有一句解说词。

这段新闻录像一下子震动了整个伦敦，戴安娜王妃的崇拜和追随者纷纷涌进这家珠宝店，疯狂抢购"戴安娜王妃"称赞过的各种首饰。珠宝店变得门庭若市，生意异常红火，短短几天的营业额就将开业多年来的营业总额远远甩在了后面。

因为这则新闻所造成的声势过于轰动，甚至惊动了皇家内宅。皇室发言人郑重声明："经查日程安排，戴安娜王妃没有去过那家珠宝店。"

面对这则声明，珠宝店老板振振有词地说："新闻录像中并未说那位嘉宾就是戴安娜王妃，是围观公众想当然地把她当成了王妃。"

何礼杰假戏真唱

房地产业是当今一大热门行业，行情十分火爆。虽然风险极大，但冲着其中高昂的利润，依然有不少人甘冒倾家荡产的风险往里冲。

何礼杰是香港一个小房地产商，他准备拿出自己名下唯一一块地皮，与一家实力雄厚的城建开发公司进行合作开发。他手中的这块地皮位于交通要道的一侧，属于黄金地段，而城建开发公司也有意将其开发成一个大规模的商业广场，其设计部门甚至在谈判前就已拿出了设计方案，可谓势在必得。

何礼杰在知道开发公司的确有意于此项目之后，故意在与公司代表的接触和商谈过程中，一直小心翼翼，不露口风，摆出待价而沽的姿态。开发公司知道何礼杰只是一个小地产商，而且仅有这一块地皮，便隐藏起浓厚的兴趣，讨价还价，寸步不让。公司代表坚持一条原则：何氏出地，公司投资，建成后的铺租和售房收入按四六分成，公司占60%。何礼杰不接受，谈判就此陷入了僵局，该怎么办呢？

就在这时，何礼杰似乎有意放弃与城建公司共同开发的打算，他与一位阿拉伯富商接触频繁，两人多次共进午餐，一起出入舞厅，甚至还多次在家中会面，显得极为友好亲密。这一情报引起了开发公司

情报人员的注意，并被转到了公司决策者面前。结合近期阿拉伯商人涉足香港房地产界的情形，他们怀疑何氏意欲与阿拉伯富商合作，而且，从何氏那边也传出类似的风声。

这么一来，开发公司的人再也坐不住了，因为他们对这块地皮的前景十分看好，并把对它的开发作为今后三年公司的主要项目，何况连设计方案都预先做好了，怎么能让它落入别人手中？为了避免何礼杰把这块地皮转手卖给他人，开发公司只能在后来的谈判中节节退让。双方最后签订了合同，何礼杰不仅可以在建成后享受 40% 的收益，还可以在合同签署后当即获得一笔 300 万港币的补偿金，可谓是大获全胜。

面对这样丰厚的收获，何礼杰心中窃喜，因为只有他自己知道，那位阿拉伯富商是在一个酒会上偶然结识的，对方无意于房地产业，自己与他也只是故作亲密，演一场戏而已，借此增加谈判的筹码。而这一招"瞒天过海"之计不仅让自己获得远期的利益，现在还另有 300 万元到手，果然妙绝。

【点评】

人们在观察和处理事情的过程中，由于对某些事情习以为常而产生了松懈和疏漏，此计正是着眼于这一点而趁机示之以假象，以掩盖某项行动，然后把握时机，出奇制胜。瞒天过海是寓暗于明，关键在于一个"瞒"字，瞒得过就能大功告成，瞒不过则会弄巧成拙。不过，需要注意的是，"瞒"是"过海"的必要手段，而不是最终目的。

瞒天过海的情形大致可分为以下几种：

一、制造假象。以假乱真，从中得利。

二、阳奉阴违。使对方失去警觉、放松戒备，这样就为"过海"创造了条件。

三、隐藏踪迹。诱使敌人暴露企图和行踪，自己却不露形迹。

四、混淆视听。转移敌人的注意力，使其无法察觉己方的真正意图。

瞒天过海的基本思想是用欺骗的手段暗中行动，虽然欺骗在与人相交往的过程中不值得提倡，但是在战场和商场上，以及危急关头却是一种行之有效的基本手段，可以达到出其不意的效果。

第二计　围魏救赵

【原文】

共敌不如分敌^①，敌阳不如敌阴^②。

【注释】

①共敌：指兵力较集中的敌人。共，集中的。分：分散。

②敌阳：指敌人精锐强盛的部分。敌，动词，攻打。敌阴：指敌人必然存在的空虚薄弱环节。

【译文】

攻打兵力集中的敌人，不如设法使它分散兵力而后各个击破；正面攻击敌人，不如迂回攻击其空虚薄弱的环节。

【计名讲解】

此计名出自《史记·孙子吴起列传》。"围魏救赵"讲的是战国时齐国与魏国的桂陵之战。

公元前 353 年，魏惠王想报失去中山之地的旧仇，于是派大将庞涓前去攻打中山。中山原本是魏国邻近的一个小国，先归附于魏国，后来赵国趁魏国国丧之机而抢夺之。庞涓认为中山不过是弹丸之地，离赵国又近，不如直接攻打赵国的都城邯郸，既报了旧仇又好好教训一下赵国，可谓一举两得。魏王听了，欣喜非常，好像看到他的霸业将从此开始，立即以庞涓为将，拨给他五百辆战车、十万大军，然后浩浩荡荡杀奔赵国而去，赵军不敌，节节败退。

次年，魏军包围了赵国都城邯郸。危难之际，赵王急忙向盟国齐国求救，并许诺解围后将中山割让给齐国。齐威王之前一直坐山观虎斗，现在看时机差不多了，于是应允出兵。他命田忌为大将，孙膑为军师，率兵八万出发去救援赵国。

孙膑与庞涓曾一同拜在鬼谷子门下。庞涓做了魏国大将之后，魏王听说孙膑的大名，想用重金聘请他。庞涓深知孙膑能力远在自己之上，心生嫉妒，于是设计将孙膑骗到魏国，施以膑刑。幸亏孙膑装疯才逃过一劫，后来在齐国使者的救助下逃到齐国，并得到齐威王的重用。这一次，孙膑复仇的机会终于来了。

齐军在进入魏赵交界之地时，田忌试图派军队直奔赵都邯郸，攻打包围邯郸的魏军。苦候已久的复仇之机就摆在眼前，相信任何一个人都会激动不已，但孙膑却表现得很冷静，并不急于与庞涓在战场上兵戎相见。他坚决反对田忌领兵直趋邯郸与魏军决战的计划，说："如果想解开一个纷乱的结绳，不能用蛮力去强行拉扯；如果要排解争斗，就不能把自己也卷进去；如果要解除重围，最好的办

法就是抓住要害，避开敌军人多势众的地方，攻击其空虚薄弱之处，敌方受到挫折和牵制，围困自然会解除。"然后建议："现在魏赵交战，魏国的精锐部队必定倾巢而出，集中在前线，国内只剩下一些老弱残兵。您不如带部队直插魏国的都城大梁（今河南开封），占据它的交通要道，攻击它空虚的后方，魏军必然会放弃赵国而回师自救。这一举既可以解救赵国，还能在魏军回撤的途中进行截击，其军必败。"

田忌依计而行，带兵直奔大梁而去。齐军攻打魏国的消息马上传开了。不出孙膑所料，正在赵国前线的庞涓听闻后院起火，急忙从赵国退兵。魏军回国心切，日夜兼程往国都赶。齐军得到消息，迅速从大梁撤围，在魏军回国的必经之地桂陵一带布下埋伏，严阵以待。齐军占据了地形之利，魏军长途跋涉，早已是精疲力竭，被齐军打得溃不成军。庞涓勉强收拾残部，退回大梁，赵国之围自然解除。

桂陵之战，齐军之所以能击败强大的魏军，一是选择了正确的进攻方向，二是抓住了魏军疲惫不堪的有利战机。从而产生了历史上著名的"围魏救赵"的故事。

十三年后，齐魏再度交战，孙膑又施此计伏击庞涓，并将其包围，庞涓兵败自刎。孙膑从此名扬天下，世传其兵法。

古人的按语说："治兵如治水：锐者避其锋，如导疏；弱者塞其虚，如筑堰。故当齐救赵时，孙膑谓田忌曰：'夫解杂乱纠纷者不控拳，救斗者，不搏击，批亢捣虚，形格势禁，则自为解耳。'"意思是说：对敌作战就好像治水一般：对待凶猛的敌人，一定要先避开它的冲击，而采用疏导引流的办法，等它力量分散后再打；对待弱小的敌人，要采用筑堤堵流的办法，必须抓住其弱点，然后一举围歼。因此，当齐国援救赵国的时候，孙子对田忌说："凡想解开乱丝结绳的，不能用手掌拍，也不能挥舞拳头打；同样，调解争斗的，只能动口劝说，而不能动手参与其中。"对待敌人，只避实就虚，攻其要害，使敌人受到挫折，受到牵制，这样才能轻而易举地将敌人消灭。

● 围魏救赵

原指战国时齐军用围攻魏国的方法，迫使魏国撤回攻赵部队而使赵国得救。后指袭击敌人后方的据点以迫使进攻之敌撤退的战术。其基本思想是强调攻其所必救，歼其救者；攻其所必退，歼其退者。

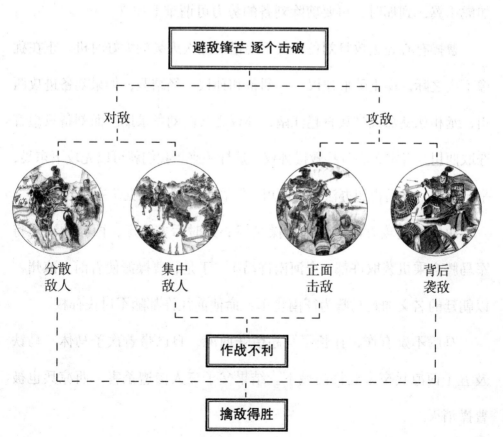

孔明巧计退曹兵

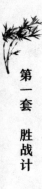

曹操得知东吴大都督周瑜病逝的消息，准备趁此机会再次兴兵进犯江东，消灭孙权。就在这时，有探马报告，刘备正在打造兵器，训练军队，准备攻取西川。曹操大惊，深知刘备若是占据了西川，将会如虎添翼，到那时，再要剪除刘备的势力可谓难上加难。

曹操有心先去攻打刘备，又不愿错失这次灭吴的大好时机。正在犹豫不决之际，谋士陈群建议："刘备和孙权已经结盟，如果刘备进攻西川，丞相您就命人带兵直趋江南，孙权必会向刘备求助。而刘备只想着夺取西川，肯定无心分兵救援孙权。这样一来，我们就可以先攻下东吴，平定荆州，然后再想办法拿下西川。"曹操听罢，感觉茅塞顿开。

决定了进攻方向之后，曹操又担心到时后方空虚，西凉的镇东将军马腾会乘机袭取许都（今河南许昌）。于是，曹操派使者前去凉州，以朝廷的名义加封马腾为征南将军，命他前往许都随军讨伐孙权。

马腾不疑有诈，让长子马超留守西凉，自己带着次子马休、马铁及五千西凉兵卒来到许昌城下。结果父子三人惨遭杀害，西凉兵也被曹操消灭。

曹操认为后顾之忧已经解除，当即起兵三十万，直扑江东。面对曹操咄咄逼人的气势，孙权立即命鲁肃派使者前往荆州刘备处求援。刘备收到孙权的求援信，顿感左右为难：如果只顾攻取西川，而不顾东吴，必定导致孙刘联盟的瓦解，何况曹操消灭东吴之后，下一个目标就是自己，所谓唇亡齿寒，不可不救；但如果支援孙权，放弃西川，白白浪费良机，岂不可惜？

正在刘备犹豫不决之时，军师诸葛亮恰好从南郡赶回荆州，他看罢江东的求救信，胸有成竹地说："主公勿忧，这次既不必出兵东吴，也不必停止攻打西川，我自有妙计使曹操不敢进兵东南。"他让来使带回一封信，信中只说："如果曹军南犯，刘皇叔自有退兵之策。"

刘备向诸葛亮求问到底有何妙策，诸葛亮说："曹操平生最担心的就是西凉之兵。现在他杀了马腾，自以为可以高枕无忧，但马腾长子马超仍然统领着西凉之众。主公只需修书一封，劝说马超兴兵入关，使曹操首尾不得兼顾，这样一来，他只能乖乖从东吴撤兵。"刘备闻言大喜，连忙派人带着他的亲笔书信火速前往西凉。

马超听闻父亲和两个弟弟遇害的噩耗，当场放声大哭，痛骂曹操，无时无刻不想着替亲人报仇。他一见刘备来信，便点起西凉兵马，正准备进发时，西凉太守韩遂请马超相见。韩遂与马腾是结义兄弟，他告诉马超：曹操派人送来书信，以西凉侯的封号为诱饵，让韩遂擒拿马超。韩遂表示与马超亲如叔侄，不忍加害，愿意与马超一起联军攻打曹操，报仇雪恨。然后韩遂杀掉曹操的使者，征调手下军马，与马超合兵一处，二人率二十万大军，浩浩荡荡杀向关内，连

第一套　胜战计

续攻下长安、潼关。曹操得到关中警报以后，无心继续南下攻打东吴，急忙回师西北。

诸葛亮巧妙利用当时各方割据势力互相牵制的情况，向刘备献上"围魏救赵"之计，只用了一封书信就轻而易举地制止了曹军南犯。不仅解除了东吴的危机，而且使刘备能继续攻打西川，为日后蜀国的建立打下了基础。

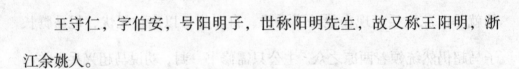

王守仁解安庆之围

王守仁，字伯安，号阳明子，世称阳明先生，故又称王阳明，浙江余姚人。

1519年6月，明宗藩宁王朱宸濠突然发动叛乱。王守仁时任汀赣巡抚、佥都御史，本来奉命去福建剿匪，行至丰城，正好传来宁王叛乱的消息。虽然当时手中并无多少人马，但王守仁依然积极备战，在调配军粮、修治器械的同时，发出讨贼檄文，历数宁王罪状，要求各地起兵勤王。

当时，王守仁最为担心的是，故都南京一旦为宁王朱宸濠所占领，到那时，宁王就有了称帝的资本，又占了地利，那就不容易消灭了。所以在一开始，王守仁虚张声势，大肆散播虚假消息，扰乱宁王视线，让他以为各路大军已经成合围态势。同时使用反间计，使宁王对部下进攻南京的策略产生怀疑。宁王果然上当，一度犹豫观望，没敢发兵攻打南京。王守仁则利用这半个月的时间做好了充分的防守准备，等到宁王再想进攻南京时，发现已经错失良机。

七月，朱宸濠留部分人守卫南昌，自己亲率六万叛军出鄱阳湖，沿江东下，先后占领了九江、南康，直趋安庆城下，安庆危在旦夕。安庆为南京的西方门户，是长江中下游的军事战略要地。一旦叛军占领了安庆，南京将岌岌可危。

这时，王守仁已经召集了八万军队，对外号称三十万。闻知安庆告急，王守仁立即召集众将开会商议退敌之策。会上，推官王晖对大家说："宁王攻打安庆，却始终无法攻克，说明其士卒疲惫、士气低落。如果现在率大军前往救援，与安庆守兵形成前后夹攻之势，必能取胜。打败朱宸濠之后，其老巢南昌城自然是唾手可得。"听了王晖的分析，众将议论纷纷，意见不一。

王守仁则不同意王晖的看法，他说："王君你只知其一，不知其二。试想，我军如果要去营救安庆，必须经过叛军镇守的南昌，其中的困难暂且不说，就是成功到达安庆，与朱宸濠相持，双方势均力敌，胜负也难以预料。况且安庆守军经过连日激战，必定疲惫不堪，不能指望他们成为我军的援应。而如果此时南昌城内的敌人趁机在我军背后截断我粮道，占据了南康和九江的敌人再趁机夹攻我，到那时，我军腹背受敌，岂不是自蹈危地吗？依我之见，不如首先攻打南昌。宁王的精锐之师已倾巢而出，南昌的守军一定很薄弱。而我军气势正盛，要攻破南昌并不难。宁王听说南昌危急，不可能眼看着巢穴失守而无动于衷，必然还兵自救，到时安庆之围自可解除。而等朱宸濠赶回南

昌时，城池早已为我占领，这样一来，叛军的士气将会大大降低。我军再乘势发起攻击，必可大获全胜。"听了这一番深入细致的分析，王晖和众将官心悦诚服，当场达成一致意见——攻打南昌。

正当王守仁准备出发时，探子来报：叛军在南昌城南面设下伏兵，作为城援。王守仁立即派五千骑兵，夤夜出发，从小道悄悄掩至叛军伏兵身后。

然后王守仁率大军来到南昌城下，即刻攻城。果然不出所料，南昌叛军势单力孤，加上他之前做了大量的宣传工作，谎称军队人数众多，守军心慌，渐渐不支。城南的伏兵本欲前来相救，却被王守仁事先安排的五千骑兵打得落花流水，四散溃逃。几天后，王守仁攻克了宁王的老巢南昌。

宁王正忙着日夜督军进攻安庆，但由于城内守军顽强抵抗，战事长期没有任何进展。而南昌失守的消息却在此时传来，宁王大惊失色，急忙下令撤兵还救南昌。他手下的李士实进谏说："现在赶回去救援南昌恐怕已经晚了。倒不如一不做、二不休，即刻起兵，直取南京。"

听了他的意见，朱宸濠沉吟半晌，方说："南昌乃我之根本，经营许久，城中有大量的金钱粮草，绝不可落入对方手中。无论如何，我都要夺回南昌。"李士实见朱宸濠主意已定，心知劝不动他，只得作罢。

朱宸濠率军登舟，溯江而上，回援南昌。王守仁派主将分五路迎敌，一路设伏，先把叛军的先锋船队引进埋伏圈，然后出奇兵掩杀，叛军大败。朱宸濠眼见局势不妙，急忙从九江和南康调精锐部队出击，再战王守仁。王守仁派几路大军迎战，并直取南康。

这一仗非常关键，战况也相当激烈，其间官军一度退却，幸亏王守仁部将伍文定当机立断，斩杀了后退之人，激起了众将士决一死战之心，最后终于打败了敌人。

朱宸濠仍不甘心自己的失败，收拢各部舟船，结成一个方阵，以求固守，又拿出金银珠宝犒赏诸人，要他们拼死一搏。

王守仁一眼就看出方阵的破绽，他决定仿效火烧赤壁的例子，用火攻打败宁王。第二天，当宁王和群臣正在船上召开"早朝"会议时，王守仁派人将小船装满干草和引火之物，然后纵火烧毁了宁王的副船，船上众人纷纷跳水逃生，大部分成了阶下囚。宁王因乘坐的旗舰搁浅，不能行动，只能换乘小船逃命，后来被王阳明的部下擒获。不久，南康、九江也被官军收复，宁王之乱全面平息，前后只用了 35 天。

王守仁在安庆被围的危急关头，冷静地采取"围魏救赵"的办法，率军急攻南昌，不仅迫使朱宸濠撤军回援，成功解除了安庆之围，而且占领了叛军的老巢，有力地打击了叛军士气，使其连战连败，最后落得全军覆没的下场。

李秀成解天京之围

清咸丰七年（1857 年）底，太平天国内讧，清廷乘机重建江南大营，缩小对天京的包围圈。面对这紧急的形势，天京朝中主持朝政的洪仁玕与李秀成商议，决定先攻下杭州，一旦清军分出兵力相救，便集中力量直捣江南大营。

计策已定，李秀成、石达开成功突围，随即兵分两路：李秀成直奔杭州，石达开则向湖州进军。杭州是清军的粮草基地，战略地位十分重要。杭州城内更有一万精兵把守，戒备森严。李秀成率军到达城下，令士兵接连发起进攻，无奈都被击退。心急如焚的李秀成正不知如何是好，这时忽然天降大雨。已经连续苦战数日的杭州守军疲惫不堪，于是撤回城中躲雨休息。正是在这天夜里，李秀成亲自挑选了一千多名精壮的勇士，连夜用云梯翻越了城墙，为太平军打开了城门。等到城内官兵醒来，太平军已经攻入了城内。杭州城已破，为了吸引江南大营的清军火速来援，李秀成又指挥士兵点燃了清军的粮仓。果不其然，江南大营的将领张玉良立刻率领十万兵马回援杭州。

而李秀成在烧光粮草之后，迅速领兵赶回天京。与此同时，石达开的部队也回撤天京。两队人马都巧妙地绕开了张玉良的队伍，避免与其正面交锋，等到张玉良赶到杭州时，早已是人去城空。而驻守天京的洪秀全见围守的清军已经分兵，于是下令全线出击。这时，天京清兵受到太平军的几面夹击，得知杭州失守的清兵本来已经无心恋战，再加上人马锐减，顿时溃不成军，死伤近六万，损失惨重。

天京之围终于解除，清廷苦心经营的江南大营再次被捣毁，洪仁玕和李秀成围杭州救天京的妙计可谓大获成功。

商业案例

巧寻谈判突破口

"围魏救赵"的"围"只是手段，"救"才是最终目的。而要达到目的，就要分散对方的注意力。在商业领域，同样也需要围魏救赵的策略。例如，在进行商业谈判时，巧寻谈判的突破口，对于取得谈判的主动权，以至赢得最后的胜利，有着十分关键的作用。

1993年8月，中国的一家进出口公司从国外购进了200万吨DW产品。但是，由于对方延期交货，致使该公司失去了几次展销良机，遭受了一些损失。不过，考虑到该产品质优价廉，颇受消费者欢迎，各大厂家也竞相前来订货，所以该公司并没有向对方索赔。

过了不久，DW产品在国内供不应求，该公司瞅准商机，准备同外商洽谈重复进口该产品事宜。为了降低商品的采购成本，提高公司盈利水平，同时也为国家节约外汇资金，该公司打算向对方提出在价格上降低10%的要求。同时，该公司也意识到，在目前国际市场并未出现明显变化的情况下，如果在谈判一开始就提出要求，一定很难令对方接受。于是，该公司经过研究，找到了突破口，设计了一套颇为周密的谈判方案。

谈判伊始，该公司先发制人，就上次那200万吨货物延期交付之事大作文章，说："由于贵方上次延期交货，使我方几次失去展销良机，导致我方遭受了重大的经济损失。"对方听罢，以为该公司会趁机提出索赔要求，心里十分着急，连忙对延期交货问题加以解释，并不断表示歉意。

眼看时机成熟，该公司趁机提出降价的要求，并明确指出，希望能通过减价10%来弥补上次延期交易所造成的损失。对方无奈，只好同意。该公司乘胜追击，提出将当初预定的200万吨货物增加到500万吨，对方因为理亏，一开始就落了下风，最终不得不在合同上签字，谈判圆满结束。

在这次谈判中，这家进口公司的谈判者懂得如何成功运用围魏救赵之计，他们不是直接涉入自己真正关心的问题，而是迂回绕道，等待时机，使对方摸不清自己的真正意图，结果对方顾此失彼，最终不得不妥协。谈判者巧妙运用了围魏救赵之计，使谈判一举成功，不仅达成了预期的目标，而且趁势扩大了战果。

巧购高价住宅

在商业谈判陷入僵局的时候，如果一方使用逆向思维，采取"舍近求远"的办法，从本源上去解决问题，那样也会取得一招制胜的神奇效果。下面所说的"巧购高价住宅"的故事，就是这一方法的集中体现。

有一位先生准备全家移民国外，想出售自己的高价位住宅，于是他把此事托给房地产中介公司代理，开价2300万元。

中介公司业务员接受委托后，积极策划广告，将该房产推向市场，就其在地理位置、房间布局及配套设施方面的优越性展开了强大的宣传攻势。

两周后，一位买主在参观完住宅后感到很满意，但至多愿出2000万元购买此房。业务员于是回头找屋主议价。经过三天的协商，屋主终于同意将售价降为2100万元，并声明不再降价，否则立即解除合约。

尽管如此，中间仍然有100万元的差价。鉴于卖方态度坚决，业务员只能硬着头皮去找买方协调。费尽一番唇舌之后，买方作出让步，同意再加价50万元，即总价2050万元。为了表明自己购房的决心与诚意，买方还当场付了100万元的斡旋金（也称"握权金"，指买方在出价时，为表达申购意愿所支付的款项，以委托中介去跟屋主斡旋）。

就在交付斡旋金的当晚，买方又找到业务员，告诉他说，一个月前自己曾在别处看过一栋房子，各方面的条件都比现在这所房屋更合心意，只是当时屋主不肯降价，只好放弃。谁知道那家中介公司刚刚突然打来电话，说屋主愿意按照我提出的价格出售，如果这家房主仍不肯降价，希望能退回100万元的斡旋金。

要知道，中介在买卖双方商谈的时候，并没有决定退款或不退款的权力，只有当屋主同意或屋主接受买方的价钱后，买方又反悔，这

时中介才能没收其预交的斡旋金。但目前的情况是：一方绝不降价，而另一方决不再加价，中介者夹在中间，左右为难。他唯一能做的，就是尽快把信息传给屋主，由屋主自行决定。

屋主听到消息后，也很为难：买主说更中意前一户房子，看上去有反悔的迹象，如果自己马上答应他的要求，然后对方反悔，那么自己就有权没收对方的斡旋金，这就等于本钱降了 100 万元，以后再怎么卖都是稳赚；但是，能赚到这 100 万元的前提是必须在原售价基础上再降价 50 万元，接受买方所提出的 2050 万元的价格；目前经济不景气，房地产市场持续低迷，若是坚持不肯降价，一旦错失了这笔买卖，不知道什么时候才能等到新的买主，也不知道是否还有人肯出 2050 万元的价钱，毕竟现在可是买方市场。

事情来得太突然，卖方左思右想也拿不出一个妥善的办法，买方又以"前屋屋主催问甚急"为由频频催促中介尽早回话，否则就立即退回斡旋金。

思前想后，屋主决定赌一把，同意以买方价格出售，赌的就是如果买方拒绝，则可顺理成章地将 100 万元收入囊中。

中介人将屋主的决定转告给买方，买方听后心中窃喜，表面上却装出无可奈何的样子，申辩自己比较喜欢前屋，但后屋的卖方现在同意了自己的开价，如果反悔，将立刻损失 100 万元。

最后，买卖双方终于勉强成交，达成协议。在这个案例中，买方在商谈陷入僵局的时候，运用"围魏救赵"的谈判策略，以 100 万元斡旋金为诱饵，又以"前屋"之事为由逼迫对方让步，使其陷入进退维谷的局面，成功地诱使屋主落入自己设好的圈套之中，达到了自己的目的。

【点评】

古人云："治兵如治水。"对敌作战好比治水：面对弱小的敌人，应当抓住时机消灭它，就像筑堤围堰拦住水流；面对来势凶猛的强敌，应当避其锋芒，或者攻击敌人的薄弱环节，或者袭击敌人的要害部位，或者绕到敌人背后，迫使敌人放弃原来的目标，像疏导洪水那样诱使敌人分兵，是一种转化敌我双方地位的迂回策略。

其中，"围魏"是"救赵"的前提条件，也就是说，只有确定"围魏"能够达到"救赵"这个目的时才能使用这个计策，否则就是一厢情愿的空想。

第三计　借刀杀人

【原文】

敌已明，友未定①，引友杀敌，不自出力，以《损》推演②。

【注释】

①友未定：指盟友徘徊观望，态度不定的情况。友，指军事上的盟友，也指除敌、我两方之外的第三者中，可以结盟以为助力的人、集团或国家。

②《损》：指《易经》中的《损》卦。《易经·损》曰："损下益上，其道上行。"论述的是"损"与"益"的相互转化关系：将《损》卦反过来推演，就成了《益》卦，这里指借用盟友的力量去打击敌人，势必使盟友遭受损失，但是盟友的损失正可以换来自己的利益。

【译文】

在敌方已经明确、而盟友的态度还不确定的情况下，要引诱盟友去消灭敌人，自己就不用出力（以此来保存实力），这是按照《损》卦推演出来的。

【计名讲解】

此计名出自明代戏剧《三祝记》。该剧主要讲述了北宋时期，范仲淹的政敌密谋让毫无作战经验的范仲淹领兵征讨西夏，其目的就是借兵强马壮的西夏军队这把锋利的"刀"来除掉范仲淹。

"借刀杀人"的本义是阴谋使他人与自己的仇人结怨，从而利用他人去杀掉仇人。比喻自己不出面，借他人之手害人。运用在军事上，是指为了保存己方实力而巧妙地利用矛盾间接杀人的谋略。

古人的按语为："敌象已露，而另一势力更张，将有所为，便应借此力以毁敌人。如子贡之存鲁、乱齐、破吴、强晋。"意思是说：敌对的征象已经十分显露，而另一股势力也正在不断发展，并且还将起到重大的作用，因此要立即借用这股势力去消灭敌人。就像古代子贡为保存鲁国，而乱齐国、破坏吴国以及增强晋国所运用的策略那样。

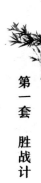

● **借刀杀人**

为了保存自己的实力而巧妙地利用矛盾的谋略。当敌方动向已明,就千方百计诱导态度暧昧的友方迅速出兵攻击敌方,自己的主力即可避免遭受损失。此计是根据《周易》六十四卦中《损》卦推演而得。

盟军 ← 借其兵力 诱其出兵 — 我方 ← 利益归于 — 敌军

替我军攻打

实用谋略

刘备一言杀吕布

"借刀杀人"主要体现在善于利用第三者的力量,除掉自己的敌人,以达到取胜的目的。"刘备一言杀吕布"的故事,就是这一计策的具体体现。

吕布本是董卓的义子。东汉末年，董卓把持朝政，挟汉献帝以令诸侯。后来，司徒王允设计离间吕布与董卓的关系，董卓终于为吕布所杀。其后，董卓的余党李榷、郭汜、张济、樊稠等人一边抵抗吕布，一边攻破京城，杀了王允。吕布先后投奔南阳太守袁术、渤海太守袁绍、上党太守张杨、陈留太守张邈，但是都没有获得重用。后来，吕布又带兵投奔刚刚得到徐州的刘备。刘备想把徐州让给吕布，但遭到张飞的强烈反对，因此只好叫吕布驻军在徐州附近的沛县。

吕布到达沛县后，曹操采纳谋士荀彧的"驱虎吞狼"之计，借天子的名义要刘备去讨伐袁术，却让吕布乘机夺了徐州。吕布夺得徐州后，又采纳谋士陈宫的建议，邀请讨伐袁术失败的刘备回到徐州，让他驻军在沛县。刘备无奈，只好接受这一现实。

刘备驻守沛县，与吕布的军队守望相助，关系十分友好。这时，袁术派大将纪灵率领大军讨伐刘备，吕布出面调解，辕门射戟，使纪灵不敢进攻刘备，解除了刘备的危难。这样，刘、吕二军的关系更好了。吕布曾对刘备说："我今天解了你的危难，今后你若得志，不可忘记我的恩义啊！"刘备再三感谢。后来，张飞拦路抢了吕布派人从山东买回的一百五十匹马，引发了两家矛盾，吕布围攻沛县讨马，刘备等突围投靠曹操。

曹操率领大军亲征徐州，吕布兵败，退入下邳城坚守。两个月后，吕布在睡觉时被捆绑起来，然后其部将打开城门，将其献给曹操。

曹操在白门楼上处置吕布及其随从，是否斩杀这员盖世骁将，曹操一时犹豫不定。当时刘备在场，吕布对刘备说："公为座上客，布为阶下囚，为何不发一言而相救呢？"刘备点头应允。一会儿曹操上楼，吕布表示自己愿意投降，以辅佐曹操平定天下。曹操回头问刘备："如何？"刘备却回答："公不见丁建阳、董卓之事乎？"吕布听罢，十分生气，于是大骂刘备："这个家伙是最无信的人！"又谴责刘备："你难道不记得辕门射戟时的情形了吗？"刘备一言不发，曹操于是下令将吕布缢死，然后割下脑袋示众。

曹操借刀杀祢衡

假借他人之手，除掉自己的敌人，这是一种很高明的计策。曹操借刘表之手杀掉祢衡的故事，正是出自这一计策。

汉献帝建安初年，曹操想派使者去荆州劝说荆州牧刘表归顺自己。这时，谋士贾诩向他建议："刘表喜欢与当代的名士交往，希望您能派一位名士前往荆州，这样就能达到目的了。"曹操认为贾诩的建议很有道理，就想物色一位名士，于是他找到了祢衡。

祢衡是汉末名士，长于文学和辞令，且与孔融交善。他来到曹操府中，曹操并没有特别重视他，因此祢衡心有不满。在宴会上，祢衡几次羞辱曹操，说曹操没有识人之才，手底下尽是无用之人。

曹操听了祢衡的一番话，不禁大怒。这时，曹操的部将张辽向曹操说："祢衡这个人说话如此放肆，不如让我杀了他吧？"

曹操笑笑说："这个人在外面有点儿虚名，我今天杀了他，人家就会议论我容不得人。"他沉默了一会儿，心中顿生一计，只见他装出大度的样子，用手指着祢衡说："我现在派你出使荆州。如果你能劝降刘表，我就委任你做大官。"

祢衡早就听说过刘表的为人，知道他残暴不仁，他心里明白，刘表是不会归降曹操的，出使荆州多半会凶多吉少，这分明是曹操借刀杀人的伎俩，所以坚决不肯答应。曹操立即传令侍从，要他们备下三匹马，派两个人挟持祢衡前往荆州。

祢衡到荆州见了刘表之后，表面上颂扬刘表的功德，实际上尽是讥讽之语。刘表不高兴，叫他去见黄祖。有人问刘表："祢衡戏谑主公，为何不杀了他？"刘表说："祢衡多次羞辱曹操，曹操不杀他，是因为曹操怕因此失去人心，所以叫他当说客到我这里来，要借我的手杀他，使我蒙受害贤的恶名。我如今让他去见黄祖，让曹操知道我刘表有见识。"众人皆说好。

祢衡到了黄祖的地盘，黄祖邀请祢衡一起饮酒，二人喝得大醉。这时，黄祖向祢衡问道："你在许都有什么人？"

祢衡说："大儿孔融，小儿杨修。除此二人，别无人物。"

黄祖又问："我像什么呢？"

祢衡回答："你像庙中的神，虽然受祭祀，遗憾的是不灵验！"

黄祖大怒，说："你把我比成泥塑木雕，看来你是不想活了！"于是下令杀了祢衡。祢衡至死骂不绝口。曹操得知祢衡受害，笑着说："腐儒舌剑，反自杀了！"

曹操老谋深算，决不是黄祖一类的莽汉和蠢人。他既想杀掉祢衡，又不想担负害贤之名，避免使自己招贤纳士的大计受到半点儿损害。经过与祢衡的谈话，曹操知道祢衡这种人肯定会为达官显贵所嫉恨，所以便派他出使刘表，企图借刘表之手杀死祢衡，以泄心头之恨。刘表识破了曹操的计谋，竟然也容忍了祢衡的讥讽，但他令祢衡去见黄祖，将祢衡推到了刀口上。不过曹操也没有失算，不管祢衡最终死在谁的手中，曹操的计谋都是成功的。

刘秀巧除心腹大患

刘秀的哥哥被更始帝刘玄所杀，当时刘秀势力单薄，只能把悲痛深深地埋在心中，装出懦弱无能的样子，甚至主动回去向刘玄请罪。但刘秀知道忍辱负重并非长远之计，毕竟他名声在外，迟早会落得和哥哥一样的下场，因此想方设法摆脱了刘玄的控制，拥有了独立的地盘。

与刘玄决裂后，刘秀率兵向长安进军。而洛阳乃是通往长安的军事重地，刘玄派李轶前往镇守，以阻挡刘秀大军的西进之势。

刘秀手下的将军冯异给李轶写了一封劝降信。李轶看完信，内心极为矛盾——他知道刘玄成不了大事，早就有意脱离，但是他曾经参与杀害刘秀之兄的行动，故不敢轻易归顺刘秀，担心对方容不下他。

于是，李轶给冯异回了一封信，信中写道："今天你我都镇守着军事要地，地位举足轻重。若你我能同心同德，那我还会有什么顾虑呢？请将我的意思转达给萧王（即刘秀），我愿意为他尽微薄之力。"

当这封措辞委婉的信到达冯异手上后，他很快就明白，李轶这是在暗示自己，让自己保证他归顺后的生命安全及高官厚禄。于是，冯异给李轶回信表示劝勉与安慰，同时出兵攻打洛阳周围各县，看李轶是否发兵援救，以试探他是否真有诚意。而李轶果然信守承诺，不与冯异交战。

冯异经过一番试探，见李轶的确言行一致，就把此事的经过报告给了刘秀，并递上李轶的信，劝刘秀不计前嫌，接受李轶的归顺。

但即便不计较杀兄之仇，刘秀也深知李轶是一个反复无常之人，今天他能背叛刘玄投向自己，明天也能背叛自己归顺他人，这种人留着始终是心头之患。但是，如果现在将他拒之门外，对战局的发展又十分不利。

经过反复考虑，刘秀终于想出一条借刀杀人的妙计。他在给冯异的回信中，对是否接受李轶归顺这个问题避而不谈，只是提醒："李轶此人诡计多端，心思深沉难测，一般人难以看明白。大家还是各自坚守阵地为上，防止李轶耍什么花招。"然后，刘秀故意泄露了李轶打算归降的事，并派人暗中大肆传播，众人对此议论纷纷。

就这样一传十，十传百，不久，刘玄手下的另一员大将得知这个消息，知道李轶怀有二心，就派人刺杀了他。这样一来，洛阳驻军突

然失去主将，军心动摇，许多人纷纷投奔到刘秀军中，局势很快发生了逆转。

刘秀借敌人之手杀了李轶，既除掉了自己的心腹大患，又避免落下个杀害降将的坏名声。

洪秀全借刀除异己

清朝末年，爆发了震惊中外的太平天国起义。以洪秀全、杨秀清为首的起义领袖，在起义过程中发挥了重大作用。不过，洪、杨二人却在关键时刻为争夺权力而发生内讧。最终，洪秀全运用"借刀杀人"之计，不但杀掉杨秀清，还铲除了其他人的势力。

1851年，广西农民洪秀全发动了金田起义。起义军在短短两年内就攻占了江南重镇南京。不久，洪秀全以南京为都，将其改名为天京，并定国号为"太平天国"。

定都天京后，洪秀全建造了天王府，此后，他深居简出，只顾享受奢靡的生活，军政大权都落在了东王杨秀清手中。

杨秀清把持朝政，专横跋扈，不仅对同等地位的其他诸王颐指气使，甚至不把洪秀全放在眼里。他经常假传"天父"圣旨，训斥洪秀全，洪秀全尴尬恼怒，却又不能反抗，满朝文武更是敢怒而不敢言。

随着太平天国在战事上取得一系列胜利，特别是在杨秀清的指挥下，太平军击破了围困天京三年之久的清军江南大营以后，东王杨秀清的声望达到鼎盛，而这也让他生出了篡夺大位的野心。

追逐权力的欲望一旦滋生，便难以遏制。杨秀清开始一步一步实施自己的计划，他先以调虎离山之计将诸王先后调离天京：北王韦昌辉去江西，翼王石达开回湖北，燕王秦日纲赴丹阳。其后，杨秀清开始了他夺权计划的第二步。七月初，他假传神旨，谎称天父下凡，令洪秀全亲往东王府，并质问洪秀全："你和东王都是我的儿子，东王立下了这么大的功劳，为什么只称九千岁？"洪秀全只好答："东王打江山有功劳，也应当是万岁。""天父"又问："东世子（杨秀清的儿子）难道只是千岁吗？"洪秀全回答："东王称万岁，世子自然也是万岁。"

洪秀全之所以如此委曲求全，只是慑于杨秀清的权势，他暗地里却开始布置除掉杨秀清的计划。于是，洪秀全秘密下诏，命韦昌辉、石达开、秦日纲三人统兵回京救驾。这三人中，驻守丹阳的秦日纲首先抵京，但因势单力薄未敢动手。八月三日，韦昌辉率三千精兵从江西赶回天京。二人秘密觐见洪秀全，然后连夜派兵扼守全城的要害之地，占据了所有通往东王府的街道，接着以迅雷不及掩耳之势直闯东王府，杨秀清为秦日纲所杀。本来照洪秀全的旨意，此次行动只杀杨秀清及其兄弟三人，但韦昌辉公报私仇，在东王府内实施大屠杀，除杨秀清第五子漏网外，其余人等无一幸免。这其实是韦昌辉的阴谋，因为他也有夺权的野心，于是趁此机会铲除异己，意欲为日后夺权铺平道路。

十天之后，石达开才匆忙赶到天京，入见天王洪秀全，知道了整

件事情的详细情况，于是气愤地斥责韦、秦二人滥杀无辜。韦昌辉认为石达开偏袒杨秀清，又想杀了石达开。石达开识破了他的意图，不敢久留天京，连夜匆匆出城。结果，韦昌辉当晚率兵屠戮了石达开的家眷，又派秦日纲率万余人追杀石达开。

事情发展到这个地步，洪秀全再也不能坐视不理。他责怪韦昌辉杀人太多，认为屠杀石达开的家人是绝情寡义之举。韦昌辉听了，心中愤愤不平，觉得洪秀全一味袒护石达开，这是要联合石达开一起来对付自己，于是想要一不做二不休来个斩草除根，连洪秀全一起杀掉。谁知洪秀全早有准备，经过两天的较量，洪秀全将韦昌辉及其党羽二百余人全部杀死。秦日纲后来也被召回处斩。至此，这场"天京变乱"才算被平息。

洪秀全借刀杀人，铲除了异己，巩固了自己的地位。其后，太平天国的所有大事，均由洪秀全一人独自决断。

商业案例

威尔逊高价出售品质和服务

20 世纪 40 年代，威尔逊从父亲手里继承了美国塞洛克斯公司。一天，德国籍发明家约翰·罗梭上门拜访威尔逊，交谈间，他说起自己正在研究的干式复印机。威尔逊也觉得其中大有商机，二人一拍即合，同意双方共同合作开发。

经过反复研制，塞洛克斯公司终于制作出干式复印机样机——塞洛克斯914型复印机。当时市面上所有的复印机都是湿式的。这种复印机使用前必须用专门涂过感光材料的复印纸，印出的文件则是湿漉漉的，需要干透了才能取走，使用起来非常麻烦。相比之下，干式复印机就要便利得多。

威尔逊在慎重研究过整个市场之后，决定将此产品作为"拳头产品"推出。他一开始是打算把首批货物以成本价销售，以图打开市场。他的律师提醒说："这种行为是倾销，是法律禁止的。"于是威尔逊将卖价定为2.95万美元。而干式复印机的成本仅为2400美元，这个定价相当于成本的十多倍，就连副总经理罗梭也被吓呆了。

当时，法律明令禁止高价出售商品，威尔逊却信心十足，说："我不出售成品，而是出售品质和服务，这就足够了。"

不出所料，这种干式新型复印机果然因定价太高而被禁止出售。但之前展销期间，人们已经见识过它独特的性能，无不渴望能尽快使用这种奇特的机器。

而威尔逊早已独占了这种新型复印机的生产专利权，所以当他以出租服务的形式将干式复印机重新推出时，顾客立刻蜂拥而至。尽管租金并不便宜，但受到之前定价很高这种潜意识的影响，顾客依然认为物超所值。

1960年，威尔逊的黄金时代来临——干式复印机迅速流行起来。

虽然公司尽量加快生产，但产品仍然供不应求。

由于产品被塞洛克斯公司独家垄断，加上原有的高额租金所产生的影响，所以，尽管塞洛克斯914型复印机后来出售的价位很高，但消费者依然争相购买，这样，丰厚的利润像潮水一样滚滚涌来。这一年，公司营业额高达3300万美元，市场占有率达15%。五年后，公司营业额上升至四亿美元，市场占有率大大超过了湿式复印机，达66%。到了1966年，公司营业额上升至5.3亿美元。

塞洛克斯公司因此被美国《财富》杂志评为"十年内发展最快的公司"，从此跻身于世界巨型企业的行列。

威尔逊的成功之道在于，他奇妙地运用"借刀杀人"之计，表面上是法律禁止了威尔逊高价出售的行为，实际上却是威尔逊借法律这把"刀"的威势，封死了消费者的购买之门，逼他们走向威尔逊早已为其准备好的租借之路。同时，威尔逊还制定了超出平常的高租金，斩断了消费者廉价租用的念头，为后来的高价出售预先做好了准备。

【点评】

《兵经百字·借》中说："艰于力则借敌之力，难于诛则借敌之刃。"

杀人有愚笨与高明之分。愚笨者杀人，往往是亲自出马，虽然一时痛快，却费时费力，而且总有东窗事发的那一天，到时势必承担相应的后果。高明者则假手于人，不仅达到了目的，而且将自己撇得干干净净，所以有句话叫作"杀人莫见血，见血非英雄"。

借刀杀人主要是为了保存己方实力，尤其是当敌方动向已明时，就应当设法诱导态度暧昧的盟友迅速出兵攻击敌方，我方虽不可避免地会有小的损失，但主力却能得以保全，也是大大得利。

"借刀"也要讲求方法和艺术，不管是明借、暗借，还是强借、诱借，总之不能露出任何马脚。而"借"的内容也是多方面的，如：诱敌就范，以逸待劳；使敌人相互间产生错觉，自相残杀；武器和谋略取之于敌，用之于敌，以其人之道还治其人之身；离间敌人高层，除去威胁最大的敌人。

必须牢记的是，借来的"刀"一定要锋利，否则不仅杀不成人，往往还会殃及自身。

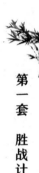

第四计　以逸待劳

【原文】

困敌之势①，不以战；损刚益柔②。

【注释】

①困敌之势：迫使敌人处于困顿的境地。

②损刚益柔：出自《易经·损》。"刚"与"柔"本来是相对的，在一定条件下又可以相互转化。兵法上是指在敌我双方总的力量不变的情况下，根据强弱相互转化的原理，先逐渐消耗敌人的有生力量，使敌人由优势变为劣势，由主动变为被动，而我方自然也就由劣势变为优势，由被动变为主动，这时再发动进攻，便能克敌制胜。

【译文】

要迫使敌人处于困顿的境地，不一定要直接出兵攻打，而是采取"损刚益柔"的办法（令敌人由盛转衰、由强变弱，再发动进攻，便可获胜）。

【计名讲解】

此计名出自《孙子兵法·军争篇》："故三军可夺气，将军可夺心。是故朝气锐，昼气惰，暮气归。故善用兵者，避其锐气，击其惰归，此治气者也。以治待乱，以静待哗，此治心者也。以近待远，以佚（通"逸"）待劳，以饱待饥，此治力者也。"

这段话的大意为：对于敌人的军队，可以设法使其士气低落；对于敌人的将领，可以设法动摇他的心志。因此，军队的士气在初战时饱满旺盛，经过一段时间后就会逐渐怠惰低落，最后就会彻底衰竭。所以善于用兵的人，要设法避开敌人的锐气，等它怠惰疲惫、士气消沉的时候再去攻击，这是掌握士气的方法。以我军的严整来对待敌军的混乱，以我军的镇静来对待敌军的喧哗，这是掌握军心的方法。以我军靠近战场的优势来对待敌军远道而来的劣势，以我军的安逸休整来对待敌军的奔走疲劳，以我军的粮草充足来对待敌人的饥肠辘辘，这是掌握军队战斗力的方法。不截击旗帜整齐、部署周密的敌人，不攻击士气旺盛、阵容严整的敌人，这是掌握灵活机变的方法。

又见于《孙子兵法·虚实篇》："凡先处战地而待敌者佚（通"逸"），后处战地而趋战者劳。故善战者，致人而不致于人。能使敌人自至者，利之也；能使敌人不得至者，害之也。故敌佚能劳之，饱能饥之，安能动之。"

这段话的大意为：凡是先占据战地而等待敌人前来的就从容主

动，后到达战地而且仓卒应战的就疲劳被动。所以，善于指挥作战的人，能调动敌人而不为敌人所调动。能使敌人自投罗网，是用利益引诱它的结果；使敌人不肯前来，是因为让它感受到了威胁妨害。所以，敌人休整得好，要想法使它疲劳；敌人粮草充足，要想法使它饥饿；敌军驻扎安稳，要想法使它移动。

● 以逸待劳

当敌人势气旺盛的时候，不要直接对其发起进攻，而是先坚守住自己的阵地，消磨敌人的意志，使敌人为我所调动而疲于奔命。待时机成熟时，要及时采取行动，从而后发制人，一举消灭敌人。

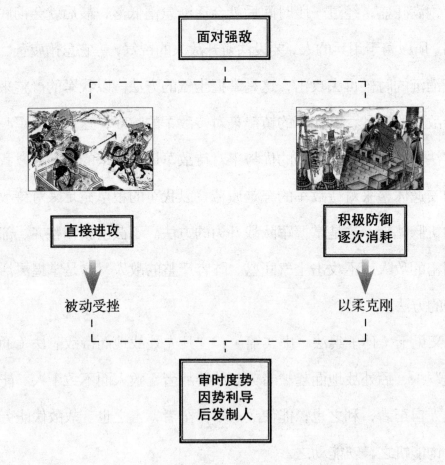

面对强敌

直接进攻

积极防御
逐次消耗

被动受挫

以柔克刚

审时度势
因势利导
后发制人

实用谋略

曹刿论战

以逸待劳之计，就是在敌人气势正盛之际，采取不直接进攻的战略，坚守住自己的阵地，消磨敌人士气，使敌人疲于奔命。同时审时度势，寻找最有利的战机，从而后发制人，一举破敌。齐、鲁长勺之战中，曹刿待齐军疲劳后再率领鲁军发起进攻，最终打败了强大的齐国。这则故事正是"以逸待劳"的典型战例。

公元前684年，齐国拜鲍叔牙为大将，派其带领大军侵犯鲁国，一直推进到长勺（在今山东莱芜东北，一说在曲阜北）一带。

鲁庄公听到消息后，决定奋起反抗。大臣施伯极力推荐一个名叫曹刿的人，说此人文武双全，如果让他带兵，一定能战胜齐国。

于是鲁庄公马上派施伯把曹刿请来，并向他请教怎样才能打退齐军。曹刿问庄公凭什么与齐国一战，庄公说自己一生尽力为百姓做事，因此可以得到百姓的拥护。曹刿说这是取胜的关键，并表示愿意追随庄公前去迎敌。庄公听罢，非常高兴，于是拜曹刿为大将，让他随自己一起出征。

齐军与鲁军在长勺摆开了阵势。齐军之前一路高歌猛进，士气高昂，

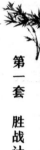

鲍叔牙一见到鲁军，就立刻命令击鼓进军。这时，只听见齐军那边战鼓齐鸣，杀声震天，兵士们如潮水般冲了过来，鲁庄公也急忙下令鲁军击鼓迎敌。曹刿制止了鲁庄公，说："敌人刚打了胜仗，现在锐气正盛，如果交锋，正中他们下怀，不如暂缓交兵，严阵以待，等待适当时机，千万不可急躁。"

齐军一阵冲锋过来，但鲁军并不与之交战，只是竭力稳住阵脚。齐军见没有冲垮鲁军的队列，只得退回原地。

过了一会儿，齐军再次擂鼓冲锋，鲁军依然坚守不出，阵地也纹丝不动，齐军只能重归本营。但鲍叔牙并不死心，并据此判断鲁军势弱怯战，于是命令齐军第三次击鼓进军，准备一举消灭鲁军。经过两次冲锋，齐军将士认为鲁军懦弱不敢出击，斗志已经松懈。曹刿听到齐军第三次击鼓，便对鲁庄公说："现在是出击的时候了！"

齐军正在冲锋，忽然听到鲁军阵中传出震耳欲聋的鼓声，又看到鲁军士兵像猛虎下山一样冲了过来，顿时心中慌乱，被杀得溃不成军，大败而逃。

鲁庄公见齐军逃走，正要下令全线追击，又被曹刿制止："且慢，等我看看。"说完，曹刿跳下车，查看地上的车辙马迹，又跳上车，手扶横档向逃走的齐军方向张望了一阵，然后说："可以放心追击。"鲁军一路尾随，把齐军赶出国境。此役鲁军大获全胜，缴获的战利品堆积如山。

事后，鲁庄公问曹刿为什么头两回不迎战，而要在敌人第三次击鼓时才出击。曹刿答："凡是打仗，凭的完全是士气。当第一次击鼓时，齐军的士气非常旺盛，不可硬拼；第二次击鼓时，齐军的斗志已经有所松懈；到第三次击鼓时，齐军士气衰竭，已经没什么战斗力了。而这时我军初次鸣鼓进攻，攻疲乏之敌，自然能旗开得胜。"

鲁庄公点头称是，但仍然不明白齐军败退时为什么不立刻追击。曹刿回答："齐国是大国，素来诡计多端，虽然逃跑了，但我唯恐还有埋伏。我看见对方的车辙杂乱无章，远处的旗帜也倒下了，这才确定他们是真的溃散，所以才敢放心大胆地追击。"

城濮之战

"以逸待劳"的关键，是趁着敌军士气正盛的时候，调动敌人主动前来攻打我方，而我方则要在这一过程中逐渐消磨敌军的士气，寻觅时机一举将其消灭。

春秋前期，晋国与楚国争夺中原地区的霸主。公元前 633 年冬，楚国派大将成得臣领军，同时联合陈、蔡、郑、许等诸侯国共同攻打宋国。宋国派使臣向晋国求救。晋文公召集群臣商议此事。大臣们都认为楚国经常发兵攻打中原诸侯，如果晋文公能挺身而出，扶助弱小，那么成就霸业就指日可待了。晋文公几经思量，决定攻打楚国的盟国曹国和卫国，并认为届时楚国必定引兵救援，这样自然就可以解除楚国对宋国的包围了。

公元前632年春，晋军攻占了曹国和卫国，并俘虏了两国国君。楚成王并不想同晋文公交战，听说晋国出兵的消息后，急忙命成得臣从宋国退兵。但成得臣自恃兵强马壮，认为宋国已经是囊中之物，迟早可以拿下，不肯半途而废。他还派人对楚成王说："我虽不敢说一定能打胜仗，至少也要拼个死活。"楚成王听了，很不高兴，将大军调回国内，只留下少部分兵力归成得臣指挥。

成得臣对此也并不在意，依然雄心勃勃地想要做出一番功绩给楚成王看。他先派人通知晋军，要他们释放曹、卫两国国君。晋文公则暗中告诉这两国国君，如果他们答应跟楚国断交，就恢复他们的君位。结果，他们真的按晋文公的意思去办了。

成得臣本来是想援救这两个国家，却不料它们反而先跟楚国断交，气得火冒三丈，说："分明是重耳逼他们做的。"于是立即命令全军赶到晋军驻扎的地方。

两军相遇之后，晋文公立刻下令晋军退避三舍。将士们反对说："我们的统帅是国君，对方的统帅则是臣子，哪有国君让臣子的道理？"

大臣狐偃解释说："打仗先要占个理字，理直就气壮。当年楚王曾经帮助过主公，主公向他许下过一旦两国交战，晋国将退避三舍的诺言。今天我们后撤，就是为了实现这个诺言。如果我们对楚国失信，就是我们理亏。如果我们退了兵，他们却不罢休，步步进逼，那就是他们输了理，到时再跟他们交手也不迟。而且，后退还可以避开楚军锐气，待其斗志松懈时再与之交战，获胜的把握更大。"

众将士见狐偃说得有理，于是晋军一口气后撤了三十里。见楚军尾随追来，又继续后撤，一共退了九十里，到了城濮（今山东鄄城西南）才停下来，并布置好了阵势。

楚国有部分将领见晋军后撤，想就此停止攻势。但成得臣认为晋军怯战，坚决不听部下的建议，下令穷追不舍，一直追到城濮，与晋军相互对峙。

成得臣还派人给晋文公下了一封战书，其中的措辞十分傲慢。晋文公回答："我们从来都不敢忘记贵国的恩惠，所以一直退让到这里。既然你们不肯谅解，那我们只好在战场上一较高低了。"

大战开始后，两军刚一交手，晋军就佯装败退，他们还把砍下来的树枝拖在战车后面，这样战车后退时，地上就会扬起一阵阵的尘土，伪装出十分慌乱的模样。

成得臣骄傲自大，向来不把晋人放在眼中，不加考虑就率军追了上去，正中晋军埋伏。晋军的主力部队猛冲过来，将楚军拦腰截断，原来假装败退的晋军则掉转头与主力部队前后夹击，把楚军分割围歼。

晋文公吩咐将士们只要打败楚军即可，不得继续追杀。成得臣收拢败兵残将，在回国的半路上，觉得无法向楚成王交代，就自杀谢罪了。这就是"城濮之战"。

晋国打败楚国的消息传到当时周朝的都城洛邑后，周襄王亲自到践土（在今河南原阳西南）慰劳晋军。晋文公趁此机会召集诸侯各国

召开大会，订立盟约，继齐桓公之后成为中原的第二个霸主。

城濮之战中，晋军主动退避三舍，既避开了楚军锋芒，又激励了晋军士气，此消彼长，最终赢得了战争的胜利。

铁木真以逸待劳破劲敌

铁木真成为蒙古部首领之后，招携怀远，举贤任能，势力一天天地强盛起来。曾与铁木真结为盟友的札木合心怀不满，寻机要与铁木真一比高低。

铁木真的叔父拙赤居住在撒阿里川一带，他经常令部属到野外放牧。一次，他的一群马被人劫走，牧马人急忙通报拙赤。拙赤极为愤怒，只身一人前去追赶。傍晚时分，拙赤追上劫马者，把为首的那个人用箭射倒，然后乘乱将马群赶回。

原来，拙赤射中的那个人正是札木合的弟弟。札木合闻讯悲恨交加，遂联合塔塔儿部、泰赤乌部等十三部，合兵三万，杀奔铁木真的营地。

铁木真得到消息后，立即集合部众三万人，分作十三翼，做好迎敌的准备。开始的时候，铁木真的部队抵挡不住气势汹汹的札木合军，不得不且战且退。

在军务会议上，博尔术对铁木真说."敌军气焰方盛，意在速战速决，我军应以逸待劳，等敌军力衰之时再出击掩杀，定获全胜。"铁木真采纳了博尔术的意见，聚众固守。札木合几次遣军进攻，都被铁木真的弓箭手一一射退。

本来，草原兴兵，不带军粮，专靠沿途抢掠或猎获飞禽走兽来筹备食物。札木合远道而来，军粮渐少，又无从抢夺，士兵只得四处寻觅野物，整日不在军营当中。博尔术见敌军东一队西一群，势如散沙，立即入帐禀报铁木真。铁木真认为时机已到，遂命各部奋力杀出。

此时的札木合正在帐中休息，得知铁木真发动进攻，慌忙吹号角集合部队，可是他的士兵大多数出外捕猎，来不及回归。札木合手下的十二个主将因敌不过排山倒海而来的铁木真军，纷纷落荒而逃。札木合见大势已去，遂骑快马从帐后逃走。已养足精力的铁木真军，像砍瓜切菜一样，将在帐营中的札木合部队数千人全部歼灭。

这场战斗结束后，铁木真在蒙古草原的声威日振，附近的部落纷纷前来归附。

陆逊火烧连营

三国时期，吕蒙白衣渡江，关羽大意失荆州，最后败走麦城，为东吴所擒杀。蜀主刘备得到噩耗后，痛哭流涕，怒不可遏，发誓要为结拜兄弟报仇雪恨。

　　诸葛亮和诸位大臣都苦苦哀劝，希望刘备以大局为重，不要因一时意气破坏孙刘联盟，使曹操有机可乘。但刘备报仇心切，根本不听劝告，亲自率领七十万大军征伐东吴。蜀军从长江上游顺流进击，居高临下，一路势如破竹，连胜十余阵，直至彝陵、猇亭一带，深入吴国腹地五六百里。东吴难以抵挡，连折数员大将，甘宁、潘璋等先后战死，举国震惊。

　　孙权见蜀军声势浩大，心生畏惧，赶紧派人向刘备求和，但遭到断然拒绝。孙权无奈，经阚泽举荐，只能启用当时名不见经传的青年将领陆逊为大都督，命其率五万人迎战。

　　蜀军攻势猛烈，一路急进。东吴将士见其步步紧逼、来势汹汹，都摩拳擦掌，想要和蜀军决一死战。但陆逊深谙兵法，正确地分析了当前局势，对将士们说："刘备率军东征，锐气正盛，而且他们地处上游，占据了险要地带，呈居高临下之势，我军难以进攻，故不可与之硬拼，一旦失利，后果非同小可。应当坚守不出，等到蜀军疲惫，士气低落时，再伺机反击。"

　　陆逊手下众将士本来就对这个毫无资历的年轻书生心存轻视，现在见他不肯出战，更加认定他是个胆小鬼，都在背地里愤愤不平。陆逊也知道众将士对自己有看法，说："我虽然只是一介书生，但主上对我委以重任，认为我有一项长处，就是能忍辱负重。各位将军务必各守隘口，牢据险要，不许轻举妄动。违令者斩！"军法严明，众将心中即使再怎么不满，也无人敢公开违抗。

　　陆逊上任后，有意识地实行战略撤退，吴军完全撤出了山地。刘备见东吴方面避而不战，加上蜀军人数众多，在五六百里的山地一带难以展开，欲战不能，反而处于被动地位，只得下令沿路扎下大营，前后长达七百里。

刘备派人每天去东吴阵前骂战，但陆逊耐性极好，一直按兵不动，双方对峙达半年之久。刘备见蜀军士气开始低落，心中十分焦急，于是派几千人马从山上到平地扎营，想以此引诱东吴出击，以便与陆逊展开决战。

陆逊对手下众将说："据我观察，蜀兵在平地扎营，周围山谷中必有伏兵。"于是依然坚持不出战。刘备见自己的计策不奏效，而蜀军粮草补给也越来越困难，不得不陆续将队伍从山上迁到平地，以便更好地取水用粮。

陆逊看到蜀军战线绵延数百里，首尾难以兼顾，又在山林中安营扎寨，犯了兵家之大忌，于是召集手下众将士，决定向蜀军发起进攻。他解释说："蜀军刚来时，气势旺盛，我们无法轻易取胜。现在，蜀军已经疲惫，士气低落，防卫松懈，我们获胜的时刻已经到了。"

就在这天晚上，陆逊命令将士们每人携带火种和一束茅草，趁着蜀军不备，悄悄潜入他们的营地，四处点火。由于蜀营用木栅栏连在一起，在大风的吹动下，火势很快蔓延，七百里连营瞬间成了一片火海，东吴一下就攻破了蜀军四十座大营。

刘备见火势已无法阻挡，蜀军伤亡惨重，且有好几员蜀军大将被迫投降，因此只能带着残兵败将逃往白帝城。经此一役，刘备又悔又恨，一病不起，不久便去世了。

陆逊面对数量远超自己且士气旺盛的敌人，坚守不出，以逸待劳，最后伺机反攻，火烧蜀军连营，大获全胜，创造了战争史上以少胜多的著名战例。

美商再次遭遇"珍珠港突袭"

在进行商业谈判的时候，不采取直接进攻的策略，而是渐渐消耗对方的士气，以逸待劳，并寻找有利的时机，后发制人，往往能赢得谈判的主动权。

一位美国商人前往日本东京，准备参加一次为期 14 天的谈判。这位商人胸怀大志，心想一定要大获全胜。在出发之前，他做了大量的准备工作，看了很多关于日本人的心理、精神及文化传统方面的书籍。

飞机着陆后，美国商人受到了日本方面的热情接待，两位等候已久的日本商人先是诚恳而热情地表达了对他的问候，随后就把他送上了一辆豪华舒适的轿车。美国商人舒舒服服地靠在轿车后面的丝绒沙发上，心想，显然，日本人把自己看作非常重要的人物。他见日本商人坐在两张折叠椅上，姿态僵硬，于是友好地说："过来一起坐吧，后面能坐得下。"

日本商人说："哦，不，您是重要人物，需要好好休息。"

美国商人心中更加得意。

轿车行驶的过程中，日本商人问他："您会讲日语吗？"

美国商人回答，"不会。"

"不过，我随身带了一本日文字典。"

日本商人又问："您是否一定要准时乘飞机回国？我们可以帮您办好机票和所有的手续，并且安排这辆轿车准时送您到机场。"

美国商人心想：日本人考虑得真是周到。于是顺手掏出返程机票交给日本人，以便让轿车在那一天准时去接他。但实际上，这样一来，他已经主动将"自己所拥有的时间"这个重要情报告诉了对方。

美国商人的下榻之处被安排在一家高级酒店，日本商人客气地说："您的一切花费均由我方来承担，请尽情享用。"然后问："您之前来过日本吗？"

"不，我是第一次来日本。"

日本商人听了，热情地说："那您一定要在这里多逗留几天，看看我们日本的名胜和文化，我们会安排您去各地旅行一番。"

美国商人觉得，这次谈判一定会让他感到愉快而又舒心。

接下来的几天，日本商人周到地安排了美国公司代表的行程，从参观皇宫、神庙，到介绍艺妓、花道、茶道等文化，再到去听用英语讲授佛教的学习班等，将日程表排得满满当当，绝口不提谈判事宜。每当美国商人问起何时开始谈判，日本商人总是说："还有时间，还

有时间。"一切似乎都在暗示美国商人，谈判及签约都是轻而易举的事情，不必多虑。

直到第十二天，谈判才算开始，但因为日本人提出安排了专门的活动而早早结束。第十三天，谈判又因为日本人设宴盛情款待美方代表而提前结束。

第十四天早上，实质性的谈判才真正开始。正谈到紧要关头，美国商人突然被告知飞机起飞时间快到了，送他去机场的那辆轿车已经到了。日本商人"好心"地提出建议：剩下的问题在车上继续谈，但这样短暂的路程，美国商人已经没有时间去讨价还价了，到达机场前，只能在日本商人早已拟好的协议上签了字。该协议被日本人称为"偷袭珍珠港后的又一次胜利"。

日本人之所以能够在此次谈判中获胜，是因为他们预先知道了美国人所拥有的时间，知道他无法空手而回，所以先消耗他的时间，最后以逸待劳，获得了自己想要的结果。

福特后发制人

在市场竞争中，面对激烈的竞争环境，可以选择养精蓄锐，采用以逸待劳的计策，后发制人，以赢得市场。

福特汽车公司由亨利·福特创办于 20 世纪初，在经过许多风雨和波折后，终于成为全球最大的汽车企业之一。

世纪20年代初，正值美国汽车工业全面起飞的时期，其他各大汽车公司纷纷推出色彩明快鲜艳的新型汽车，以满足消费者的不同喜好和需求，因而销路大畅，只有福特车保持黑色的外观不变，显得严肃而呆板，结果销量急剧下降，出现了不景气的现象。

各地代理商和公司内部有不少人员都建议福特供应花色汽车，但都被他坚决地顶了回去："福特车只有黑色的。我不觉得黑色有什么不好，至少比其他颜色耐旧一些。"公司的生产越来越艰难，福特开始裁员，将部分设备停工，又以节省电费为由将夜班调成白班。

公司内人心浮动，甚至连福特夫人也大惑不解，福特却笑着说："我自有主张，先不告诉你，等想妥了再说。"夫人依然感到疑惑，她担心这样下去，员工们迟早都会纷纷离去。福特则信心十足地说："我们公司的待遇比其他任何企业都高，员工们不会想走的，而且他们都知道我这个人有着绝不服输的性格，相信我不肯跟风抢着生产浅色汽车一定是另有计划。"

也有员工建议说："我们还是应该生产少部分新车投入市面上进行销售，起码不至于让人说我们公司快要倒闭了。"福特只是神秘地一笑："随便他们怎么说吧，谣言越多只会对我们越有利。"而对于这种反常的现象，人们心中也很奇怪，不断询问公司是不是正在设计新车，是不是和其他公司一样会生产各种颜色的新车。

福特回答："不是正在设计，而是已经定型；也不是和其他公司一样，

而是独一无二的，而且，我们的新车一定比别家都要便宜！"这是福特毕生最为得意的"杰作"之一：公司购买废船拆卸后炼钢，从而大大降低了钢铁的生产成本，为即将推出的 A 型汽车在市场上独占鳌头奠定了胜利的基础。

1927 年 5 月，福特突然宣布：生产 T 型车的工厂全部停工。公司成立 24 年以来，这还是第一次停止新车的出厂，市面上所销售的都是存货。

该消息一经宣布，举世震惊，各种猜测纷纷出炉，但除了公司几个高级主管干部外，谁也不知道福特究竟打的是什么主意。更让人疑惑的是，工厂停工后，里面的工人并没有被解雇，每天仍然照常上下班。这一情况自然引起了新闻界的极大兴趣，于是报上经常能见到各种有关福特的新闻，这更加助长了人们的好奇心。

两个月后，福特终于向外界透露：新的 A 型汽车将于今年 12 月上市。这个消息不亚于一枚重磅炸弹，引起的震动比宣布工厂停工更大。到了年底，在人们的翘首企盼中，色彩华丽、典雅轻便的福特牌 A 型车终于开始上市了，而且价格非常低廉。不出福特所料，A 型车的销售市场非常火爆，帮助福特公司出现了第二次起飞的辉煌局面。

由于 T 型车的开发，福特公司早早地确定了自己在美国汽车工业中的领先地位。这次面对其他竞争对手以色彩和外形为武器发起的挑战，福特并没有急着正面应战，盲目跟风生产，而是按兵不动，养精蓄锐，暗中设计新产品，充分扬长避短，抓住价格和质量这两个关键做了充分准备。一旦时机成熟，就推出新产品，使对手的产品由强变弱、由优变劣，自己则一举制胜。老福特正是靠着"以逸待劳"策略后发制人，从而达到"青出于蓝而胜于蓝"的效果。

友尼利福公司以退为进巧渡难关

英国友尼利福公司的经理柯尔在企业经营中一直遵循一个基本信条：不拘于体面，而以互利为前提。根据这一信条，他经常在企业经营和商业谈判中采用退让策略，甚至在必要的时候甘愿妥协让步。不过，他这样做往往是为了赢得时机发展自己，所以最后往往是退一步进两步，因而，实际上还是自身获益。

友尼利福公司早年在非洲东海岸设有大量子公司，因为当地有丰富的肥料，适合栽培食用油原料——落花生，是一块宝地，也是友尼利福公司的主要财源之一。

第二次世界大战结束后，非洲的民族独立运动蓬勃发展起来，东海岸这些肥沃的落花生栽培地逐步被新兴的非洲国家没收，使该公司面临着极大的危机。为了挽回局面，柯尔迅速指示当地子公司采取如下方案：第一，迅速启用非洲人担任非洲各地所有子公司的首席经理；第二，取消黑人与白人之间的工资差异，实行同工同酬；第三，在尼日利亚设立经营干部养成所，把非洲人培养成为公司的干部，并着重

强调要采取互利互惠的策略，以逐步寻求生存之道，应以创造最大利益为要务，不可拘泥于面子问题。

柯尔在与加纳政府的交涉中，为了表示尊重对方的利益，主动把自己的栽培地交给加纳政府，从而获得加纳政府的好感。后来为了报答他，加纳政府指定友尼利福公司为政府食用油原料买卖代理人，这就使柯尔在加纳享有一定的特权。在同几内亚政府的交涉中，柯尔表示愿意自行撤走公司。他这种坦诚的态度反而使几内亚政府深受感动，因而几内亚政府允许柯尔的公司继续留在几内亚经营销售。在与非洲其他几个国家进行交涉时，柯尔也采用了主动退让的策略，都收到了良好的效果。欲擒故纵之计的巧妙运用，使公司平安渡过了难关。

在生意场上，遇到特殊情况时，如果顽固不化，一味咄咄逼人，很可能陷入死胡同，而必要的退让则可以换来更大的利益。当然，退让策略要运用得适时而得体，尤其要注意事先充分掌握对方的心理，还要正确估计自己控制局势的能力，千万不可滥用。

【点评】

两军对垒时总是逸者胜，劳者败，从中可以掌握克敌制胜的法宝，那就是创造条件使己逸，使敌劳。

以逸待劳之计主要强调，要想使敌方处于困境，不一定要一味进攻，关键是掌握主动权，积极调动敌人而不被敌人调动，以静制动，以不变应万变。

此计对我们的生活也很有启发。比如有些学生喜欢用题海战术提高成绩，觉得做的题越多，效果就越好。他们不可谓不勤奋，付出的努力不可谓不多，但那些一味死读书的学生其实成绩并不理想，尤其是到了关键的考试中，还因为过于疲劳而影响了临场发挥。如果将考试看作是敌人，那么学生们也应该注意采用正确的战略战术，临战前注意养精蓄锐，最后方可克敌制胜。

第五计　趁火打劫

第一套　胜战计

【原文】

敌之害大①，就势取利，刚决柔也②。

【注释】

①害：这里指敌人所遭遇的困难、危险的处境。

②刚决柔也：出自《易经》："彖曰：夬，决也，刚决柔也。"这里指强大者趁机征服弱小者，即力量强盛又处于有利的形势时，应当果敢决断，优柔寡断就会错失良机。

【译文】

当敌人遇到危难时，就要趁势出兵夺取胜利。这是一个强大者果敢决断，抓住有利战机，制服敌人的谋略。

【计名讲解】

此计名出自吴承恩的章回体小说《西游记》第十六回"观音院僧谋宝贝，黑风山怪窃袈裟"。

话说唐僧立誓要前往西天雷音寺取回真经，他拜别唐王后，一路向西而行。途经五指山，救出了五百年前因大闹天宫而被如来佛祖镇压在此的齐天大圣孙悟空，并收他做了大弟子。

一天晚上，唐僧师徒二人来到一座名叫"观音禅院"的寺庙投宿。庙中方丈听说二人是从东土大唐而来，前往西天拜佛求经，甚是热情，命人给他们敬茶。

唐僧见茶具或是美玉雕成，或是镶金嵌银，茶也是上好的茶叶，不由赞叹了一句。方丈说："老爷是从天朝上国而来，广览奇珍，这些器物不足为道。可有什么好宝贝，借给弟子一观？"唐僧说："路途遥远，哪里能带什么宝贝？"悟空在旁边说："师父包袱中的那件袈裟不就是件宝贝嘛，给他看看又如何。"

众僧听了，一个个冷笑不已，方丈道："袈裟算得了什么宝贝。像我就有不止二三十件，要说到我师祖，足有七八百件。"转头命众僧，"拿出来让唐朝的长老也看看。"

方丈让人开了库房，抬出十二个柜子，然后开了锁，只见这些袈裟都是绫罗锦绣，精美无比。

悟空看了，笑道："好，好，让你也看看我们的。"唐僧忙扯住悟空，悄悄道："你我单身在外，不可与人斗富，恐有什么意外。"

悟空却道："放心，包在老孙身上。"急忙走过去，刚把包袱解开，就见有霞光迸出，悟空又把包在袈裟外的两层油纸去掉，抖开袈裟，霎时间红光满室，彩气盈庭，真是件世所罕见的绝世宝贝。众僧见了，无不欢呼雀跃，交口称赞。

而方丈见了这等稀世珍宝，果然生了歹意，他当即走上前，对唐僧跪下，眼中含泪，说："弟子没缘法，老爷这件宝贝，方才展开，可惜天色晚了，弟子老眼昏花看不清楚。"唐僧说："掌上灯来再看。"方丈说："这宝贝本身就光亮，一点上灯就更加看不清了。请长老允许弟子拿回房中，细细地看一夜，明天一早就送还。"唐僧吃了一惊，不由埋怨悟空生事。悟空不以为然地笑道："怕什么，让他拿去看，出了什么差错尽管找老孙就是。"方丈听了，高兴万分，命小童把袈裟拿回后房，又派人打扫禅堂，请二人安歇。

回到后房，方丈却抱着袈裟号啕大哭，众僧慌忙来劝，却原来是他对这袈裟越看越爱，空有那么多袈裟，都比不上这一件，深恨不能为己所有。有个和尚说："这还不好办！趁他们睡熟的时候，找几个人把他们杀了，把尸首埋在后园，白马和包袱就都是我们的了。"另一个和尚却说："不好，唐僧看着容易对付，他那个徒弟恐怕有些棘手，万一没得手，岂不是自招祸患？不如搬些柴草，把三间禅堂一把火烧了，就是别人看到了，只说是那两人自己不小心失了火，连我们的禅堂都烧了。正好掩人耳目。这件袈裟不就成了咱们的传家之宝吗？"

方丈觉得此计甚妙，于是吩咐全寺上下几百个和尚一起搬柴，

把禅堂围得密不透风。唐僧此时早已睡熟，而孙悟空却被门外人的脚步声和堆柴声惊醒，就变成一只小蜜蜂飞出禅堂查看，却见和尚们正要放火，不由心中暗笑，欲待打他们一顿，但这些和尚都是凡人，不经打，一下子就打死了，恐怕到时候师父又要责怪自己行凶，因此不如将计就计。

于是他一个筋斗翻到南天门，向广目天王借来宝贝"辟火罩"，回去罩住了唐僧和白马，自己坐到方丈的屋脊上保护袈裟。看到和尚们堆好柴，点起火，便掐诀念咒，一口气吹过去，霎时间狂风大作，烈焰腾空，大火向四周蔓延开来，整个观音院成了一片火海。众僧叫苦不迭，被烧得抱头鼠窜，哭天嚎地，这正是引火烧身，自食其果。

所谓"螳螂捕蝉，黄雀在后"。这场冲天大火也惊动了山中的野兽和妖怪。观音院正南有一座山，叫黑风山；山上有一个洞，叫黑风洞；洞里住着一个妖怪，叫黑风怪。这天晚上黑风怪正在睡觉，却见窗上透入亮光，还以为是天亮了，起身一看，却发现是观音院中的火光给照亮的。他与观音院方丈素有交情，于是急忙前去相救。黑风怪来到寺中正要救火，却发现后房安然无恙，屋脊上还坐着一个人，正在放风。他奔入后房一看，就见霞光万道，正是袈裟放出的异彩。黑风怪认得此乃佛门之宝，便起了贪念，救火的心思顿消，来了个趁火打劫，拿起那袈裟径直回山去了。

"趁火打劫"的原意是趁别人家里失火，正处于一片混乱、无暇自顾的时候，乘机偷抢人家的东西。乘人之危在平日是不道德的行为，用在军事上，是指趁着形势混乱，或敌方遇到麻烦、危险时，迅速出击，或一举制服对手，或从中获利、扩充实力，所以又叫"趁虚而入"。《孙子兵法·始计篇》说："乱而取之。"《十一家注孙子》中说"敌有昏乱，可以乘而取之"，就是讲的这个道理。

● **趁火打劫**

当敌方身处困境的时候，就要趁机进兵出击，将敌人制服。
—《孙子兵法·始计篇》说："乱而取之。"唐朝杜牧解释孙子此句说："敌有昏乱，可以乘而取之。"

敌人居于劣势

内忧

占有敌人的土地

外患

掠夺敌人的人口和财物

乘敌之危就势取胜

实用谋略

诸葛亮安居平五路

　　"趁火打劫"的特点，就是利用时机，果断地打击对方。在施用此计时，一定要掌握时机，如果选择时机不对，那就不能取得成功。司马懿讨伐蜀国失败，就是一个很好的证明。

　　夷陵之战结束后，刘备率领残兵败将退往白帝城。蜀军在夷陵几乎全军覆没，刘备又愧又恨，竟一病不起。临终之前，他从成都召来诸葛亮等人，托付后事，随即病逝。诸葛亮立年幼的刘禅为帝，自己总领军国大事。

　　刘备去世的消息传到了魏国，曹丕高兴不已，想来个趁火打劫，"乘其国中无主，起兵伐之"。这时，司马懿向曹丕献计："陛下可修书一封，差使前往辽东鲜卑国，拜见国王轲比能，并以金帛贿赂他，请他率领辽西羌兵十万，从旱路攻取西平关；再修书一封，派遣使者前往南蛮之地，拜见蛮王孟获，请他起兵十万，攻打益州、永昌、牂牁、越嶲四郡，以威胁西川的南面；再遣使前往吴国，与孙权修好，并以割地为条件，请求孙权起兵十万，攻打两川峡口，径取涪城；又可差使令降将孟达率领十万上庸兵，西攻汉中；然后命大将军曹真为大都督，领兵十万，由京兆径出阳平关取西川。"司马懿认为，在这五十万大军的夹击之下，即便诸葛亮有姜太公的军事才能，也无法抵挡。

曹丕听后，认为这是条妙计，便立即按计行事，联合东吴、南蛮、西番诸家，共起五路大军数十万人马，大举伐蜀。

蜀国得到消息，朝野上下一片慌乱。后主刘禅不知该怎么办，只好向丞相诸葛亮请教退敌之策。然而，诸葛亮以"染病"为由闭门谢客，一连数天都不见人影，更不用说出面料理公务、应付危机了。刘禅又急召丞相入朝商议军务，丞相府的下人却回报说："丞相生病了，无法出门。"刘禅急得团团转，忙派董允、杜琼两位大臣登门探病，实际上是去禀报军情，诸葛亮却避而不见。

刘禅无奈，只得率领百官亲自登门拜访。到了丞相府门口，刘禅让百官在外等候，自己独自走进相府中，却见诸葛亮"独倚竹杖，在小池边观鱼"。

刘禅站在后面看了很久，这才徐徐道："丞相无恙否？"诸葛亮回头一看，发现竟然是后主，慌忙弃杖，伏地谢罪。刘禅扶起他，询问为何一直待在府内，不肯出去理事。诸葛亮大笑，扶后主入内室坐定，告诉他五路大军伐蜀的事情，自己早有所闻，刚刚并不是在观鱼，而是在思考，而且已经有了对策。

其实，诸葛亮之所以闭门不出，甚至连后主的宣召也不理会，一是为了冷静观察，沉着应对；二是为了保守军事机密。后主到来之前，诸葛亮早已暗中调遣兵马，驱退了羌王轲比能、蛮王孟获、叛将孟达、魏将曹真这四路大军。

原来，诸葛亮经过一番观察和分析，迅速制定出了退敌之策：轲比能所进犯的是西平关，而现在的蜀将马超祖上是西川人氏，一向深受羌人的拥戴，羌人把马超誉为"神威天将军"，诸葛亮便派使者送快信令马超紧守西平关，埋伏四路奇兵，每日轮换把守，以抗拒敌军；南蛮孟获引兵侵犯四郡，诸葛亮令人写快信派蜀将魏延带领一路军马在险要地段进进出出，以作为疑兵之计，南蛮兵只凭勇力作战，但是疑心重，如果看见疑兵，必然不敢进攻；至于孟达，诸葛亮知道其与蜀国大臣李严曾结拜为生死之交，诸葛亮回成都时，留下李严镇守永安宫，诸葛亮写了一封信，冒充李严的亲笔信，派人送给孟达，孟达见信后必然推病不出，不会率军进攻汉中；还有一路是魏军的嫡系，由曹真领兵侵犯阳平关，但阳平关地势险要，完全可以守住，诸葛亮调赵云引一支军队把守关隘，只镇守，不出战，曹真如果见蜀军不出战，时间久了就会自己退去，此路军也不必担忧。为防万一，诸葛亮还秘密抽调关兴、张苞二将，令其各带领三万人马，屯守于紧要之处，为各路救应。

果然不出诸葛亮所料，以上四路军队，皆被蜀军击退。至于东吴这一路兵，诸葛亮也已经有了退敌之策，但尚需一名能言善辩之人，作为使臣前往东吴（施行这一计策）。刘禅听了，这才安下心来。

百官之中，只有邓芝看出了诸葛亮的心思，于是诸葛亮上奏后主，请求派邓芝为使臣前往东吴游说孙权。经过邓芝的努力，孙权终于答应撤军。这样，魏国的"趁火打劫"之计未能得逞。

当己方内部出现危机，敌人企图趁火打劫的时候，首先也是最重要的，是保持冷静的头脑，沉着分析形势、研究敌情，在稳住己方阵脚的前提下，方可妥善处理危机，化险为夷，反败为胜。

诸葛亮正是在危机四伏的情况下保住头脑的冷静，所以他能敏锐地看到，曹魏、东吴、西番、南蛮和孟达诸家各自利益不同，各怀鬼胎，虽然军事力量很强，但结成的联盟犹如一盘散沙；然后针对他们的弱点"对症下药"，巧妙地分化瓦解各路敌军，使蜀汉转危为安，正是"运筹帷幄之中，决胜千里之外"。

晋惠公伐秦

趁火打劫虽然有利可图，却也很容易让人背上不仁不义之名，并因此陷入困境。

晋献公死后，晋国陷入混乱，正在梁地（今陕西韩城南）避难的晋公子夷吾向秦国许诺：假使秦国可以护送自己回晋国，并帮助自己成为晋国国君，自己就把河西的五座城池割给秦国。然而，在当上国君（即晋惠公）后，夷吾却反悔了，秦国为此非常生气。

晋惠公掌权没几年，晋国就发生了大饥荒，饥荒一直持续了五年。晋国的国力大受影响，国家粮库空虚，民不聊生，四处逃难。晋惠公无奈，只得再次向秦国求援，希望秦国能帮助自己渡过难关。不过，秦国的国君秦穆公仍然对几年前晋惠公背约的事情耿耿于怀，他的第一反应便是拒绝。秦大夫公孙枝听说后，赶忙找到秦穆公，说："当年是晋侯违背约定，晋国的百姓是无辜的。现在晋国的百姓正在受灾，我们应该援助他们。"秦穆公听了，改变了主意，答应了晋惠公的要求，晋国的百姓对秦国很感激。

但秦穆公万万没有想到，第二年秦国也闹起了饥荒，秦国本来有足够的粮食可以抵御饥荒，只是这些粮食早在一年前就作为援助送给了晋国。一时间，秦国人心惶惶。秦穆公派人到晋国求援，他想到秦国屡屡向晋国伸出援手，晋国不会对秦国的困难坐视不管，更何况这一年晋国粮食大获丰收。

晋国的大臣韩简认为，晋国应当知恩图报，支援秦国，但大夫郤芮、虢射不仅反对帮助秦国，还唆使晋惠公趁秦国闹大灾时联合梁国一起攻打秦国。晋惠公动了心，采纳了虢射等人的意见，整顿兵马大举攻秦。

晋国的背信弃义大大激怒了秦国，秦国国民上下一心奋勇抗晋。一开始，局势对秦国十分不利。激战中，秦穆公还险些被晋军俘虏，幸亏被山野土著救出。秦、晋两军在韩原（今陕西韩城西南）展开大战，背负不义之名的晋军被杀得落花流水，晋惠公也成了秦人的俘虏。

晋惠公本想趁火打劫捞取利益，却没料到此举会让他陷入失道寡助的境地，他不但没能从这场战争中获取好处，还被秦人俘获，自身难保。一想到晋惠公几次违背诺言，秦穆公就愤怒不已，打算将他杀

死祭天。若不是秦穆公的夫人（即晋惠公的姐姐）及时阻止，晋惠公恐怕要死无全尸了。最后，秦国和晋国缔结了盟约，晋惠公也被送回了晋国。

趁火打劫不但要选好时机，还要考虑天时、地利、人和等因素，否则就要像晋惠公那样"偷鸡不成蚀把米"了。

山海关之战

趁火打劫的关键在于掌握好打劫的时机，计划采用此计的一方必须小心拿捏"火"烧的程度，审时度势，为自己争取最大的利益。

1644年，明朝崇祯皇帝自杀身亡，李自成的农民军开入京城，明王朝寿终正寝。这年四月，李自成挥师北上，计划平定北方，掌握辽东。四月二十一日，他和驻守山海关的吴三桂展开激战，双方人马斗得昏天暗地，不可开交。

山海关曾是明朝的军事重地，包括关城、东罗城、西罗城、南翼城、北翼城、威远城、宁远城等七大城堡，要想将其攻克十分不易。然而它偏偏又是李自成掌握辽东必须攻克的堡垒，李自成率领农民军同时向西罗城、东罗城和北翼城发起攻击，随着战事的推进，其获胜的希望越来越大。

这让吴三桂非常惊慌，照这样下去，用不了多久李自成就会将山海关攻破，到时他自己就性命难保了。情急之下，吴三桂将生存的希望寄托在清军身上。他非常明白，野心勃勃的满洲人也很想拿下山海关这一重镇。只是相对于李自成而言，协助清军对吴三桂本人更为有利，至少帮助清军入关，清军不会伤害他的性命。

而清军也早有趁火打劫之心，不过面对吴三桂的求援，指挥清军的多尔衮却选择了坐山观虎斗，坐收渔人之利。在多尔衮看来，一方面，吴三桂并不值得信赖，不把他逼到山穷水尽的境地，他不会乖乖降清。另一方面，若清军过早出手灭掉李自成，吴三桂就有机会保留一定的军事力量对付清军。因此多尔衮假意为吴三桂提供帮助，实际上只打掉了一小部分农民军，并未对整体战事起到什么影响。

吴三桂心急如焚，最后只能亲自前往清军大营，以表投降的诚心。多尔衮借机向吴三桂提出相当苛刻的条件，要其剃头盟誓，归降大清，吴三桂只好一一照做。

多尔衮这才正式出兵援吴，他的介入极大地改变了战场的形势。清军集中力量攻打李自成的阵尾，吴三桂则主要负责攻打李自成的阵头，两相配合，李自成首尾受敌，应对不暇，很快陷入被动。再加上清军多为骑兵，而农民军多为步兵，根本不可能抵挡住前者的冲锋，面对清军的猛攻，农民军只得步步后退。

山海关之战结束，李自成大败。多尔衮联合吴三桂追击李自成。李自成回到紫禁城后，匆匆举行登基仪式，没过几天就离开了北京。而清军不仅缴获了农民军的大量辎重，还顺利地进入北京城，进而一举南下，统一了全国。

在山海关之战中，清军采用"趁火打劫"之计，不仅取得了山海关，攻入北京城，还为统一全国创造了条件。

商业案例

低价买进摩托车厂

乘人之危谋取私利，是"趁火打劫"的一个显著特征。这一计策在商业领域往往被用到。

20世纪80年代，德国慕尼黑市有一家生产摩托车的工厂，建厂已有67年的历史了。该厂生产的摩托车曾风靡全欧洲。但是，后来由于日本摩托车低价倾销欧洲市场，使这家摩托车厂受到了极大冲击，再加上经营管理不善，财政出现了极大的困难，不得不宣布破产。因为急于清偿债务，厂家打算卖掉整个工厂。工厂的大部分设备都是当时最先进的，但其售价非常低廉。

天津自行车工业公司得知这一信息后，经过充分的调查，认定这是一个难得的机会，打算出资购买该厂的全部设备。可惜慢了一拍，一位伊朗商人捷足先登。慕尼黑厂家于是回绝了天津自行车工业公司。

然而没过多久，这位伊朗商人因为短时期内筹措不到足够的资金，不得不中止了合同，这对慕尼黑厂家来说无疑是雪上加霜。为了尽快还清债务，他们主动要求与天津自行车工业公司展开谈判。

当时，慕尼黑厂家一方面急于卖掉工厂还债，另一方面遭遇了第一个购买合同中途告吹的困境，天津公司瞅准了对方的处境，利用他们急于出手的心理，逼迫对方一再压价，最后以500万美元的价格成交。而这个价格比当初伊朗商人所开的价格还要低200万美元。

天津自行车工业公司巧用趁火打劫的策略，不仅购得了国外先进设备，而且为国家节约了大量外汇。

摩根财团趁火打劫要挟美国政府

1873年，美国爆发了大规模的经济危机，几乎每小时都有企业宣布破产。库克公司是费城一家著名的投资银行，因在南北战争中帮政府出售国库券而名声大噪。库克被认为是投资银行家中最杰出的人物，但在这次经济危机中也未能幸免。他的破产在当时的商业界所引起的巨大震动可想而知。不过，后来的事实证明，即便库克能侥幸渡过危机，其力量也早已衰微，根本无力面对约翰·摩根的挑战。

摩根在国内外出售证券的能力堪称举世无双，他与其他几位大银行家联合，于1871年从库克手中夺走了价值两亿美元的国库券，并把其中大部分成功地出售给外国投资者。与之相比，库克在出售他的部分国库券时却并不顺利，这也是导致其破产的原因之一。

在这场经济危机中，摩根公司一跃而成为美国实力最雄厚的投资银行，并控制了美国政府的债券市场，同时还在继续向欧洲抛出优惠证券。而摩根的地位又在 1884 年的金融危机中进一步得到巩固，直到 1913 年去世，他一直是美国投资银行业中最具影响力的人物。

1884 年 11 月的金融危机以来，美国财政部的库存黄金大量外流，市面上掀起了一股抢购黄金的狂潮。与此同时，一个谣言也在华尔街迅速流传开来：美国政府被迫放弃用黄金来支付货币的做法。尽管当时的美国总统格罗弗·克利夫兰亲自出面澄清这并非事实，但是收效甚微，人们仍旧继续抛售美国证券来套购黄金时间一长，国库几乎到了无力清偿债务的地步。

为了稳定经济形势，制止金库空虚所造成的经济恐慌，必须立即筹集一笔巨额资金。据政府财政当局估计，这笔资金至少要一亿美元。格罗弗·克利夫兰总统一筹莫展，不得不求救于大金融家摩根和贝尔蒙，请他们想办法稳定金融市场。

摩根深知，这股抢购黄金的狂潮，与各地工人为争取八小时工作制所举行的罢工有很大关系，而且政府已经到了无计可施的地步。于是他同贝尔蒙商定了一个计划，由他们两家银行财团组成一个辛迪加（资本主义垄断组织的重要形式之一），承办黄金公债，这样既可以解救财政部的危机，又可以获得高额利润。

当然，摩根为此提出的附加条件极其苛刻，不仅总统本人难以接受，就连美国国会也拒绝通过这一建议。

然而，强硬的态度往往需要强大的经济实力作为后盾，而当时的美国政府并没有其他办法来缓解危机。无奈之下，总统只得再次将摩根召入白宫，打算和他摊牌。

不过，事情远比总统想象的要棘手得多，因为摩根之前已经通过秘密渠道探知国库存金只剩下 900 万美元，这让他坚定了趁火打劫逼政府就范的决心。

摩根从头到尾态度都极其顽固，丝毫不肯让步，而且胸有成竹地说："总统先生，据我所知，除了我和罗斯查尔组成辛迪加，让伦敦的黄金重新流回国内之外，似乎再没有第二条路可以确保国库能渡过难关。现在，我手头就有一张总额为 1200 万美元的黄金支票，而且今天就到期了。如果今天不能将这张支票兑现，那么一切就都完了。是否需要我在这里拍一封电报，然后立刻汇往伦敦呢？"

在摩根近乎赤裸裸的威胁下，克利夫兰总统不得不以去洗手间为名，每隔五分钟就出去与等候在另一室的财政部长卡利史尔商量对策。

摩根清楚地知道，如果不拿出强硬的手段，白宫方面绝不会轻易就范。因此，在面谈中，他单刀直入，步步紧逼，丝毫不给总统喘息的机会，明知道克利夫兰总统讨厌雪茄烟的气味，他却在谈判时故意掏出雪茄吸了起来，神态极为悠闲，仿佛笃定了总统只能按照自己的步骤来，从精神上给对方施加了极大的压力。

结果，总统在走投无路的情况下，不得不答应了摩根提出的条件。当夜，摩根就取出大量美元交给财政部，帮助财政部融通资金，渡过

了难关。当然，摩根财团的慷慨正是先予后取的一招——在后来向政府承办公债的过程中，摩根财团利用市场差价，轻轻松松地净赚了1200万美元。

谈判者要想在谈判中达到预期目的，必须真正掌握对方的情况。摩根与总统谈判之所以能大获全胜，就是因为他事先探知国库存款确实已近枯竭，才能放心大胆地趁火打劫，逼得总统不得不答应他的苛刻条件。

从对手级别、整个谈判过程以及最后的收益来看，趁火打劫的商战高手应当首推摩根这位华尔街大佬。

死鸡变凤凰

一家因经营不善而倒闭的企业或商店，就像一只死鸡一样，无人愿意去理会。但在广东话中，却有"执（捡）死鸡"一说，意思是捡到了便宜。乍看之下令人不解，捡到死鸡怎么可能算捡到便宜？不过，在瞬息万变的商场上，"执死鸡"还真是大有文章可做。

在美国就有位专门"执死鸡"的富翁，他的名字叫作保罗·道弥尔。有一次，道弥尔得知一家玩具厂因管理不善而倒闭清盘，他当即找到那家玩具工厂的老板，说自己想买下这家工厂。

工厂倒闭，老板急欲脱手转让，无心讨价还价，所以道弥尔只出了极低的价钱就捡到了这只"死鸡"。道弥尔通过调查分析，找出了工厂经营失败的原因，制订了全盘改造工厂经营的详细计划。接下来，工厂按照他所制订的行之有效的计划重新开工，半年后，这家工厂起死回生，而且产量翻了一番。

下面要说的另外一位"执死鸡"的能手名气极大，他就是美国的石油大王哈默尔。从 20 世纪 60 年代开始，哈默尔就热衷于石油开发事业。

当时有一家叫德士的石油公司，在旧金山以东的河谷里勘探天然气。可是在钻井时，一直钻到 5600 英尺的深度，却仍然不见天然气的踪影。德士公司的决策者认为之前已经耗资太多，再继续钻下去很可能徒劳无功，不愿再白费人力物力，便宣判了此井"死刑"，然后匆匆打道回府了。

哈默尔一听说这个消息，立即派专家前去德士公司废弃的天然气井处进行考察，并轻易占有了德士公司的劳动成果，然后在原井上架起钻机，又钻进 3000 英尺后，天然气喷涌而出。

后来，哈默尔又听说世界著名的埃索石油公司和壳牌石油公司在非洲利比亚探油未成而扔下了不少废井。他当机立断，带领大队人马奔赴该地，故技重施，在被宣判了"死刑"的枯井上又架起钻机，继续深钻，结果有九口"枯井"被开采为高产自喷油井，这正是哈默尔"起死回生"的成果。

面对"死鸡"，有的人会置之不理，而真正有商业头脑的人则会趁众人不屑一顾之际，及时将其"劫"来，为我所用，只需稍费工夫，

"死鸡"就能变成"凤凰"。

【点评】

《孙子兵法》中说:"乱而取之。"《十一家注孙子》也说:"敌有昏乱,可以乘而取之。"趁火打劫,正是孙子这一思想的体现。

趁火打劫在平日是一种不道德的行为。不过在战争中,除了战争本身的性质之外,是不可以普通的仁义道德来衡量的。

敌人的"乱"有三种情况:一是内忧,二是外患,三是内外交困。这些混乱情况就是敌人之"火",我方需要做的就是抓住机会,乘势"打劫"。"打劫"要讲究时机和方法,不仅容易成功,还往往有意外的收获,否则如火中取栗,甚至会引火烧身。

"趁火打劫"的含义包括以下四种:

一、乘乱取利。

二、落井下石。乘敌人混乱之机给它制造更大的危难,以获得完全的胜利。

三、名为"救火",实则取利。当敌人后院起火时,我方装出"救火"的姿态前去,既不会被拒绝,也不容易引起注意,不仅可以暗中捞取好处,还方便在需要时暗中再点"新火"。

四、还有一种情况,当别人点了火在趁火打劫时,我方也可以乘机助其一臂之力,事成之后便可论功分利。

名家论《三十六计》

　　"敌之害大，就势取利。刚决柔也。"这是本计的解语。害，指敌人所遭遇到的困难，危厄的处境。刚决柔也：语出《周易·夬》卦。本卦上卦为兑，兑为泽；下卦为乾，乾为天。兑上乾下，意为有洪水涨上天之象。《夬》卦象辞说："夬，决也。刚决柔也。"决是冲决、冲开、去掉的意思。因乾卦为六十四卦的第一卦，乾为天，是大吉大利，吉利的贞卜，所以此卦的本义是力争上游，刚健不屈。所谓刚决柔，就是下乾这个阳刚之卦，在冲决上兑这个阴柔的卦。此计是乘敌之危，就势而取胜的意思。我们来仔细分析这句解语的意思：害是指敌人所遇到的困难，利是指利益，意思是说，当敌人出现危难时，应该趁机进击，取得胜利。

　　理解趁火打劫这个谋略时，关键在于把握"火"这个字的含义。可以这样说，就战略全局来讲，造成敌人困难的"火"通常来自两个方面。一是内忧；例如天灾人祸；二是外患；例如强敌入侵。这是我们发兵的最好机会，所以，我国古代有的军事思想家就认为："敌害在内，则劫其地；敌害在外，则劫其民；内外交害，则劫其国。"意思就是说，敌人有了内忧，就抢占他的土地，敌人遇上外患，就抢夺他的人民，敌人既有内忧，又有外患，就趁机吞并他的国家。

——薛国安

第六计　声东击西

【原文】

敌志乱萃①，不虞，坤下兑上之象②。利其不自主而取之。

【注释】

①敌志乱萃：语出《易经·萃》中《象》辞："乃乱乃萃，其志乱也。"乱萃，乱成一团。萃，丛生的野草，引出下文的萃卦。

②不虞：没有意料到，不及提防。坤下兑上：萃卦是由下面的"坤"和上面的"兑"构成。在八卦中，坤象征地，兑象征泽，萃卦的意思是高出地面的水泽，必然溃决，寓意是一群乌合之众，注定失败。见《易经·萃》。

【译文】

当敌人混乱得像丛生的野草，无法预料将要发生的事情时，这正是《萃》卦中所说的水高出地面（必然溃决）的象征。必须利用敌人不能自主的机会去消灭他们。

此计名出自唐杜佑《通典》卷一百五十三《兵六》："声言击东，其实击西。""声东击西"指造成要攻打东边的声势，实际上却攻打西边，这是一种制造假象诱使敌人上当进而出奇制胜的计谋。

历代兵家对此计均十分重视，古代兵书中对其论述颇多。如《孙子兵法·势篇》说："故善动敌者，形之；敌必从之。"《淮南子·兵略训》说："将欲西，而示之以东。"《百战奇谋·声战》说："声东而击西，声彼而击此；使敌人不知其所备，则我所攻者，乃敌人所不守也。"

古人的按语说："西汉景帝时，吴、楚等七国造反，周亚夫固守城中，坚不出战。当吴军向围城东南角发起总攻时，周亚夫便下令加强西北方向的守备。不久，吴王果然派精兵攻打西北角，因为周亚夫事先做了准备，所以吴王的行动遭受失败。这是指挥者坚毅沉着、不为敌方所惑的战例。东汉末年，朱儁在宛城围攻黄巾军，他先在城外筑起小山以便观察敌情，然后擂鼓下令，指挥部队向宛城西南方向发起佯攻，黄巾军得到消息后，便仓皇拼凑兵力集中于西南方向进行防守。于是朱儁亲自率领精兵五千，出其不意地攻击东北方，遂乘虚而入。这是主将临战之时方寸已乱，无法应变的战例。由这两个例子可知，运用声东击西的策略，一定要先观察敌方指挥官的意志，然后再作出决定。当敌志混乱时，用计便能成功；否则，反而有战败之虞。所以，这的确是一条险策啊。"

● 声东击西

此计是伪装攻击方向的谋略，以假象造成敌人的错觉，是用灵活机动的军事行动，忽东忽西，似打即离，不攻而示之以攻，欲攻而示之以不攻，敌人顺情而推理，我恰因势而用计，以达到出敌不意地夺取胜利的目的。

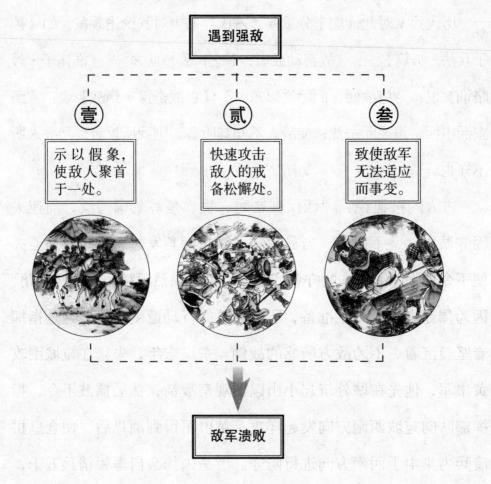

遇到强敌

壹 | 贰 | 叁

示以假象，使敌人聚首于一处。

快速攻击敌人的戒备松懈处。

致使敌军无法适应而事变。

敌军溃败

实用谋略

班超破匈奴

与敌人交战时，我方若以假动作欺敌，掩护主力在第一时间击敌要害，往往能取得预想不到的胜利，这便是声东击西之计。班超破莎车的故事，便是"声东击西"之计的一次成功运用。

汉武帝时，张骞出使西域，加强了汉王朝与西域各国的联系。汉宣帝设立西域都护以后，西域诸国一直与汉朝保持着良好的关系。后来，王莽改制时贬黜了西域各国王号，引起了普遍不满。王莽派军前去攻打，结果全军覆没，西域诸国也完全断绝了与汉王朝的联系。

一直公开与汉王朝对立的匈奴单于，趁机于新莽末年和东汉初年大肆扩充实力，准备重新夺回西域。

东汉建立后，莎车（今新疆莎车）和鄯善派使者前往洛阳朝贡，并请求东汉政府派遣都护。但当时东汉政权尚未完全稳固，刘秀忙于铲除地方割据势力，便没有应允两国的请求。建武二十一年（公元45年），鄯善、车师等十六国又遣子入侍，并再次请派西域都护，可惜仍然未获同意。后来，西域各国互相攻伐，匈奴趁虚而入，控制了西域地区，得到了西域诸国的人力、物力，实力大增，其后更是屡次兴

兵进犯东汉河西诸郡，边地百姓不堪其扰，叫苦不迭。

班超奉命出使西域，就是为了团结西域各国，共同对抗强大的匈奴。要想使西域诸国联合起来共同对抗匈奴，就必须先打通南北通道。莎车国地处大漠西边，归附匈奴后，它还经常煽动周边小国一同反对汉朝。班超遂决定首先平定莎车。

班超联合于阗（今新疆于田）等国，率二万五千人进攻莎车。莎车国王大惊，立刻向龟兹（在今新疆、拜城、库车一带）求援，龟兹王得报，便亲率五万人马援救莎车。班超见敌众我寡，不可力敌，必须智取，于是决定用声东击西之计，迷惑敌人。

班超先是召集于阗王和各部将领，说明己方人数少，难以取胜，不如假装各自撤退，还特别嘱咐出发时把动静闹大一些。然后派人在军中散布士卒对主将的不满言论，制造因不敌龟兹而准备撤退的假象。班超还特意"关照"了几位莎车俘虏，保证让他们能听得一清二楚。

这天黄昏，班超大军分两路撤退，他自己率部分人向西，而于阗大军则向东撤退。队伍表面上显得慌乱，其实是故意制造机会让俘虏脱逃。俘虏逃回莎车军营，第一时间报告了汉军慌忙撤退的消息。龟兹王大喜，认为班超是因为惧怕自己才慌忙逃走，便想趁机阻截。龟兹王被喜悦冲昏了头脑，没经过详细侦查，就立刻下令兵分两路，派八千骑兵向东追击于阗军，他本人则亲率一万精兵往西边追杀班超。

班超早已是成竹在胸，大漠广袤无垠，而茫茫夜色更是掩藏形迹的最好帮手。班超率军撤退十里后，下令部队就地隐蔽。龟兹王求胜心切，也不仔细哨探，结果率领追兵从班超军的隐蔽处飞驰而过，错失了消灭班超的良机。

班超派出的探子报告说，龟兹王所率领的大股骑兵已经离去，于是他立即集合部队，与事先约定的东路于阗人马汇合一处，迅速回师杀向莎车，到达目的地时正是鸡鸣时分。班超军宛如从天而降，莎车猝不及防，还没来得及组织抵抗就已经土崩瓦解。士卒只顾四散奔逃，被斩杀者有五千多人，大批牲畜财物也成了汉军的战利品。莎车王来不及逃走，只得主动投降。

龟兹王气势汹汹地追逐了一夜，却连班超部队的影子都没看见，正在疑惑时，却传来莎车被打败的消息，他知道大势已去，只能率部返回龟兹。经此一役，班超之名威震西域。

郑成功奇袭鹿耳门

郑成功收复台湾的故事可谓是家喻户晓。在收复台湾的过程中，郑成功采用了声东击西的策略，一举攻下了荷兰殖民者的据点赤嵌城，从而为彻底打败荷军扫平了道路。

明天启四年（1624 年），荷兰殖民者侵占我国台湾。清朝初年，在东南沿海一带抗清的郑成功立志收复台湾。

1661 年四月，郑成功率领二万五千将士在金门举行了隆重的誓师

仪式，并顺利登上澎湖列岛。郑成功命四位将领留守澎湖，然后自己率军继续东征。

要赶走荷兰殖民者，收复台湾岛，必须先攻下赤嵌城（今台南安平）。为了全面掌握军情，郑成功派出熟习水性的兵勇侦查荷军情况，并亲自查看地形，寻访当地老人，了解到攻打赤嵌城只有两条航路可走。一条是大员港，又叫南航道。这条道港阔水深，船只可以畅行无阻，又较易登陆，所以荷兰人在此设有重兵，并修建了坚固的工事和密集的炮台，港口还有敌舰巡视防守。另一条是北航道，直通鹿耳门，但是水浅道窄，礁石密布，只能容许小船通过。荷兰殖民者还故意凿沉了一些船只，以阻塞航道，他们认定这里无法登陆，因此只派了少量兵力驻防。

在与当地老人的交谈中，一条重要信息引起了郑成功的注意：北航道的海水涨潮时，大船也可以通过。军情万分紧急，郑成功当机立断，决定趁海水涨潮时强行渡海。一些将领认为风大浪险，劝主帅不可冒险，但郑成功不为所动，决定从北航道向荷军发起进攻。

郑成功计划已定，首先派出部分战舰，装作从南航道进攻。

荷兰殖民军急忙调集大批军队防守航道。为了迷惑敌人，郑成功的部队喊声震天，炮火不断。这样，郑成功非常成功地把殖民军的注意力全部吸引到了南航道，而北航道上却一片宁静。郑成功趁南航道激战正酣，便于三十日晚亲自乘船冒着暴风雨横渡海峡，经过一番努力，部队于四月一日拂晓抵达鹿耳门港外。

郑成功乘胜进兵，包围了赤嵌城中的荷军，并割断了赤嵌城与台湾城之间的联系，让它们彼此孤立起来。

赤嵌城中的荷兰人本想负隅顽抗，却发现自己腹背受敌，心中大为惊恐，纷纷抱头鼠窜，郑军趁势猛攻，将敌人一举歼灭。荷兰人走投无路，不得不挂白旗投降。郑成功在登陆后第四天，就收复了赤嵌城。

接着，郑成功一鼓作气，拿下了台湾城，收复了整个台湾岛。台湾终于重又回到了祖国的怀抱。郑成功不愧是我国伟大的民族英雄。

韩信讨伐魏王豹

兵不厌诈，声东击西需要制造假象诱骗敌人，让敌人错误地判断我方的攻击地点，制定错误的兵力部署计划。韩信在讨伐魏王豹时就运用了这一方法。

公元前205年，刘邦在彭城（今江苏徐州）被项羽击败，损失惨重，很多原本归顺他的人都倒向了项羽，魏王豹就是其中之一。

当初，魏王豹借口回老家探望生病的母亲，离开汉军返回封地。而一到封地，他就向项羽示好，切断了黄河渡口紧邻晋关的要道，拉起了反汉的旗帜。

魏王豹有十万人马，他的背叛对刘邦而言无疑是火上浇油，汉军顿时面临着被项羽和魏王豹夹击的危险。刘邦派人游说魏王豹，希望他能重新加入汉军，却遭到了魏王豹的拒绝。

最后，刘邦只好命韩信为左丞相，要他和灌婴、曹参一起，率领十万大军攻打魏王。魏王豹得知这个消息，就派大将柏直率领大军死死扼住黄河东岸的蒲坂（今山西永济西蒲州镇），阻止汉军过河。

韩信仔细观察了蒲坂的地形，发现这里地势险要，易守难攻，直接硬攻胜算渺茫。于是他离开蒲坂前往黄河上游的夏阳（今陕西韩城南）考察情况。在夏阳，他发现了一件令人惊喜的事情，由于魏王几乎将所有注意力都放在了蒲坂，致使夏阳驻军防守力量单薄。韩信遂决定采取声东击西的战术，假装攻打蒲坂，实则攻打夏阳。

韩信将军营扎在蒲坂对岸，在军营四周插起旗子，又找来一些船，大张旗鼓地训练起士兵，似乎在向对岸的魏军表示，汉军早晚要从这里渡河。与此同时，他又悄悄地将汉军主力调往北边，为真正的决战做好准备。渡河需要船只，韩信一面叫人砍树制舟，一面安排人买小口大肚的瓦瓮。灌婴、曹参不明白他的用意。韩信就告诉他们，将这样的瓦瓮封住口，口朝下倒立起来，数十只一起排成长方形，再用木头夹住，就制成了筏子。这种筏子不但制作起来方便快捷，承载能力比普通的木筏子要高很多。

没过多久，韩信就做好了渡河的准备。他要灌婴带一万兵马在蒲坂对岸虚张声势，做出要过河的样子以迷惑敌人。而他自己则和曹参一起带领大部队乘着用瓦瓮做的筏子由夏阳偷偷渡河。

魏军果然上当了，密切关注着蒲坂的局势，等了好久，只看到对面的汉军叫嚷着要渡河，却始终不见有汉军渡过来。就在他们以为汉军不打算过河的时候，突然听到韩信已拿下魏城安邑（今山西夏县北）的消息，韩信正势不可当地杀向魏王豹所在的平阳（今山西临汾）。

魏王豹这才知道韩信已经渡过黄河，他赶忙组织力量阻截汉军，可是已经回天乏术，不久平阳失守，而他自己也被汉军俘获。

贾诩观行迹智守南阳

东汉末年，曹操南下征伐占据南阳的张绣。张绣深知曹操兵势强大，自己决不是他的对手，因此决定高挂免战牌，坚守南阳不出。不久，曹操兵临南阳城下，亲自指挥大军攻城，可是一连攻了十多天，也没有把它拿下来。

面对这一困境，曹操暗自想：南阳城异常坚固，而且周围还有一条又深又宽的护城河保护着，这样强攻下去不会有什么效果。想到这里，曹操立即下令暂且停止攻城，亲自骑马到城池周围观察地形，寻觅取城良策。这时，他发现南阳城的东南角多有毁坏，是城防的薄弱点，因此心中顿生一计。回到军营后，他马上召集众将官，通令全军攻打南阳的西北角。

张绣的谋士贾诩在城楼上看到曹操视察地形，立即猜到曹操的意图。于是他求见张绣，对张绣说："我在城楼上看到曹操绕城观察地形，他定是发现南阳城东南角多有毁坏，防守不够坚固，便暗自选择以那里为突破口，却假意来攻打西北角，这是他的'声东击西'的计策。他一定是想等我军把注意力集中在西北角时，在夜间乘我不备而攻打东南角。我们可以'将计就计'，多派百姓装扮成守城的士兵，佯装中计，去守卫西北方。我军再选出精锐之士于夜间埋伏在城东南角的房屋内。等曹操从东南角入城时，我军趁机杀出，到时定能大获全胜。"张绣听罢，十分赞成贾诩的建议，于是开始依计行事。

果然，曹操看到张绣派出"重兵"防御南阳的西北角，而东南角却没有多少人防御，以为张绣中计，心里暗自高兴起来。到了这天夜里的三更时分，曹操亲率大军由东南角翻过壕沟，砍开城外的鹿障，很快就在城墙上掘开一个大洞，曹军见城内异常安静，便鱼贯而入。

这时，只听一声炮响，突然从城中屋内涌出大量伏兵，一齐杀向曹军。曹军见大事不妙，纷纷向后溃退。而南阳守军则越战越勇，直杀得曹军抱头鼠窜，曹操也弃马而逃。

在南阳之战中，曹操损失惨重，只得率军撤回北方。

在这则战例中，贾诩根据曹操的举动，成功地识破了其"声东击西"的意图，于是将计就计，出奇匿伏，从而一举打败曹军。正所谓"一招错满局皆落索"，贾诩的这种判断，是根据自己城池东南不牢固的实际情况，以及曹操绕城一周后改变攻城战术的反常举动，判断出曹操是欲用"声东击西"之谋的。

姜维声东击西骗魏军

魏景元四年（公元 263 年）七月，魏国大将军司马昭遣派镇西将军钟会率军十万，从长安出发，大举开往汉中，又令安西将军邓艾从陇右出击，前往沓中牵制蜀将姜维，向蜀汉发起全面进攻。魏军兵势强大，蜀军不能抵挡，很快就丢掉汉中。此时，驻守沓中的姜维，也被邓艾击败，情势相当危急。

姜维听到汉中失守的消息后，打算前去救援，但是去汉中的必经之路阴平桥，此时已被魏将诸葛绪占据。想到这里，姜维万分着急，他仰天长叹道："这是老天要让我命丧于此啊！"

就在这危急时刻，副将宁随向姜维建议："尽管现在魏兵已切断阴平桥头，但雍州兵力必然空虚。如果我军从孔函谷抄近路去奇袭雍州，诸葛绪一定会把驻守阴平桥的守军调走去援救雍州，到那个时候，我军再夺取阴平桥，继而守住剑阁，便可以收复汉中了。"姜维想了想，觉得这招"声东击西"的计谋很好，便采纳了宁随的建议。

这时，驻守阴平桥的诸葛绪听说姜维去攻打雍州，心里暗自想：雍州一向由我驻守，一旦有了闪失，上峰一定会责罚我。于是连忙撤走大部分军队去回援雍州，桥头只留少量军兵把守。

姜维率兵走出三十里左右，得到诸葛雍回援雍州的消息，便调转方向，迅速赶往阴平桥，轻而易举地拿下了阴平桥，烧毁敌寨，进而率兵直奔剑阁。

诸葛绪赶回雍州后，听说姜维拿下了阴平桥，这才知道中计。等他返回阴平桥时，姜维已率军过去半日了，他因此受到了钟会的责罚。

在这则战例中，姜维实施"声东击西"之计，成功地调动了诸葛绪，使其离开阴平桥，从而乘虚而入，夺取剑阁，收复了汉中。

商业案例

娄维川故作姿态逼对手让步

在商业谈判中，先把自己的目标隐蔽起来，把一些次要的问题渲染成很重要的问题，而让对方误以为自己多占了些便宜，这便是对声东击西策略的成功运用。

娄维川，山东省烟台市塑料编织袋厂厂长。1985 年春，娄维川与日本株式会社东吉村先生达成正式购买生产线的口头协议。4 月 5 日，娄维川一行人开始在青岛与日方进行谈判。

经过为期一周的技术交流后，谈判进入了实质性阶段，对方主要代表发言："我方经销的生产线，是由日本最守信誉的三家公司生产的，具有世界领先水平，全套设备的总价为240万美元。"该代表报完价后，便摆出一副不容置疑的神情。

娄厂长微微一笑，根据实地考察以及多方搜集到的情报，他早已得知，以前中国进口的同类设备，最贵的不过180万美元，而便宜的才140万美元，这次分明是对方以为自己不了解业界底细，狮子大开口。于是娄维川缓缓站起身，朗声说："据我们掌握的情报，你们的设备性能与贵国某某会社提供的产品完全一样，我省B厂购买的该设备，比贵方开价便宜一半。因此，我提请你重新出示价格。"

日方代表听罢，意识到中方对市场行情相当了解，这一点显然出乎他们的意料，只能相视而望，首次谈判就这样宣告结束。

当天晚上，日方就各类设备的价格列出了一份详细清单，次日报出总价180万美元。经过几轮激烈的争论，中方将总价压到140万美元，后又到130万美元。至此，日方表示价格已达底线，无法再压。

随后，双方又展开了长达九天的谈判，共计谈崩了35次。但这次拉锯战并没有取得丝毫进展，双方均不肯让步。

"是不是到了该签字的时候了？"娄维川开始思考这个问题，这时，他突然灵机一动，计上心头。娄维川回顾整个谈判过程，他觉得，之前基本上是日方开价、我方还价的模式，我方一直为对方所牵制，处于较被动的地位。而且这种模式会让人觉得中方是抱着过了"这村就没这店"的心理来谈判的，所以才坚持不肯让步。

想通了这一节，娄维川当即与另一家西方公司进行洽谈联系。当然，这个小动作很快被日方发现，便把总价降至 120 万美元。虽然这个价格算是相当不错了，但当时有几家外商正同时在青岛竞销各自的编织袋生产线。娄维川了解到这一信息，认为形势对自己相当有利，应当牢牢把握这个机会，迫使对方进一步让价。

这时，谈判桌上的较量几乎已经达到了白热化的程度。双方在日商住所谈了整整一个上午，终于，日方代表愤怒地说："娄先生，我们多次请示厂东，四次压价，将报价从 240 万美元降到 120 万美元，比原价已经降了 50%，可以说是仁至义尽，如今你们还不签字，实在太苛刻，简直是毫无诚意！"他一边说，一边生气地把手中的提包甩在了谈判桌上。

娄维川毫不示弱地站起身："先生，请记住，中国不再是几十年前的任人摆布的中国了，你们的价格，还有先生的态度，我们都是不能接受的！"说完，娄维川同样生气地将提包甩在桌上。不过，他却是有意这么做的。那提包的拉链没拉上，他这一甩，让里面所装的西方某公司的设备资料与照片都撒了出来。日方代表见到照片和资料后，大吃一惊，急忙拉住转身欲离去的娄维川，赔笑道："娄先生，我的权限只有这么多，请允许我请示厂东之后，再行磋商。"娄维川见对方态度软化，心中欣喜，但表面上依旧寸步不让："请转告贵厂东，这样的价格，我们不感兴趣。"说完，毫不犹豫地抽身离去。

可是到了第二天，日方那边却毫无动静，中方有谈判人员怕真谈崩了，落个竹篮打水一场空，便有些沉不住气，但娄维川表现得泰然自若，说："沉住气，明天上午会有信儿来的。"

事情果不出他所料，第二天清早日方那边就传来消息，希望中方暂时不要和其他厂家谈判，厂东正在联系生产厂家，进行协商，希望几家一齐让价。

当天下午，日方设宴邀请中方，并在宴会上宣布第五次压价，娄维川反应迅速，立即跟上，要求再降5%即可成交。他心知日方代表目前陷于两头受挤压的处境，便善解人意地主动缓和气氛，说："你们是客人，理应由我们来宴请，这次宴会费用，我们包了，价格问题请再和东京恳请一下。"

日方经过再次请示，宣布再让3%，最后开价为110万美元，与中方的报价只差三万多美元。娄维川知道这已经是最后价格，便与日本代表握手成交。同时提出，日方来华安装设备的费用一概由日本方面承担，这个建议把那2%的差价又挤过去不少。可以说基本上实现了娄维川最初的构想。

娄厂长能将设备售价从一开始的240万美元降到最后的110万美元，其高超的谈判艺术和技巧着实令人佩服。主要原因在于：娄厂长预先对市场进行了全面了解，并在谈判中运用了"声东击西"的谋略，使谈判对手慌了手脚，结果在犹豫中败下阵来。

哈利巧售柠檬水

美国有一位促销奇才名叫哈利，他15岁时在一家马戏团当童工，当时他已经初步展现了自己的商业头脑，非常善于吸引观众前来光顾，于是团主让他站在马戏团门口招徕观众。勤劳聪明的哈利果然不负团主所托，为马戏团招来不少观众。但是哈利并未安于现状，还想凭自己的智慧和才能做出更多成绩。经过一番思考，他想出了一个好主意。

这一天，他请求团主允许自己在马戏场内出售饮料。团主说，可以允许哈利出售饮料，但前提是不能影响演出收入。哈里神秘一笑，让团长放心，说马上会有更多观众。

于是，哈利买回了花生和柠檬水，自己躲在屋子里面炒花生。花生炒得酥脆之后，他就用纸将花生米分成一个一个小包。然后带着这些小包站在马戏团售票口处，使出浑身的力气，扯开嗓门大声吆喝："来！来！来看马戏的人，买一张马戏票，赠送一包顶好吃的花生米啦。精彩的马戏，又香又脆的花生米，一边吃一边看，快来啊……"

卖票的人一听，惊讶地看着哈利问："赠一包花生米？那你不是亏了吗？"哈利只是冲他笑笑，并不回答。观众闻到花生米的香味，纷纷围了过来，甚至很多本来没打算看马戏的人也被这免费赠送的花生米引得动了心，纷纷拿出钞票："给我一张票，花生米别忘了。""我要一张票……""我也来一张。""还有我……"在前面人潮的带动下，观众们就像被磁石吸引的磁铁一样全涌了过来，马戏票瞬间被卖得精光。

马戏开始后，观众们一边观看精彩的马戏，一边嚼着又香又脆的花生米。一小包花生米很快下了肚，人们便觉得有些口渴，想着要是有水喝就好了。就在这时，哈利又出现了，手里拿着柠檬水，轻声问："我这里有柠檬水，谁要柠檬水？"话音未落，观众们纷纷高喊道："我要柠檬水！""我也要！"就像刚才的花生米一样，柠檬水瞬间也被人们抢得干干净净，哈利的口袋被钞票装得鼓鼓囊囊，大赚了一笔。

吃花生米容易使口腔发干，而且哈利在炒花生米的时候又加了不少盐，吃完了自然口渴难耐，这样他的饮料生意才能兴隆。表面上是赠送花生米，实际上是推销柠檬水，哈利"声东击西"的策略既帮马戏团招来了大量观众，也让自己收益颇丰，这的确是一个妙招。

雅马哈在市场争夺战中败下阵来

在市场竞争中，把对手的注意力吸引到我方不感兴趣的地方，避免与对手直接交锋，转而攻占其尚未关注的市场，这是声东击西之计在商业领域的又一运用。

本田、铃木、雅马哈是日本摩托车生产行业中三家最大的生产企业，号称日本摩托车的"三巨头"。在这三家中，本田一直是龙头老大，占据了近一半的市场。但是，20世纪70年代末到80年代初，本田将注意力转到了轿车生产和拓展海外市场上，导致市场份额逐渐下降。而雅马哈瞅准时机，频频发起攻势，意欲趁机扩展市场，夺取日本摩托车市场的头把交椅，于是本田和雅马哈之间爆发了一场激烈的霸主争夺战。

但是，由于雅马哈多次在市场判断上出现失误，结果在争夺中败下阵来。1967年，雅马哈趁着铃木忙于开发轻型汽车的机会，夺得了摩托车生产领域第二名的头衔。而这一次，铃木趁着本田同雅马哈打得难解难分之际，乱中取利，重新坐上了第二把交椅，雅马哈再次沦为三强之末，真可谓是"赔了夫人又折兵"。

在这场争夺战之前，摩托车大致可分为三种类型：一种是大气缸运动型摩托车，主要供警察和体育比赛使用；第二种是实用型摩托车，主要用作交通工具；第三种是娱乐型摩托车，用于消遣玩乐。到了70世纪年代中期，一种轻便摩托车开始崭露头角，它造型小巧、启动方便，适用于女性和白领人士，各大厂家都瞄准了它的市场潜力，争相投入开发和生产。本田和雅马哈争夺战便围绕这种轻便摩托车而展开。

最早发现这一市场并推出产品的是本田，它不仅生产了各种款型，而且价格低廉，又请来意大利著名影星罗兰做广告，结果广受女性消费者的追捧，迎来了一个所谓的"轻便摩托车时代"。

虽然晚了一步，但是由于雅马哈产品的独特性，加上它大力地广告宣传，硬是从被本田占据的大半壁江山中杀出了一条血路。到1981年，本田和雅马哈在日本的摩托车市场占有份额都是近40%，相差无几。1982年，雅马哈一次性投入300亿日元，建成袋井第二工厂，以便提高生产能力，为实现年产400万辆这一生产目标打下基础。这边，雅马哈全力以赴、大规模地扩建工厂；那边，不想将市场拱手相让的本田重整旗鼓，表面上继续稳固海外市场，暗中却不断开发新产品，强化销售网络，准备全力反击，一鼓作气夺回之前失去的日本本土市场。

虽然中途一度落了下风，但本田毕竟是日本的摩托车之王，一旦它全力以赴，很快就占据了上风。1982年，本田的本土市场份额又回升到50%左右，雅马哈则降至32.8%。1983年，二者的差距继续拉大。除了销售网络，本田的实力之强也体现在对新产品的开发能力上。1982年和1983年，本田平均每月都有三四种新产品亮相。与之相比，雅马哈在速度和种类上均存在较大差距，这一点连它的技术开发人员也不得不甘拜下风。

20世纪80年代初，日本经济发展速度减缓，进入停滞时期，社会购买力随之下降。雅马哈提出增产口号不久，便开始出现过剩现象，大量摩托车卖不出去。据估计，雅马哈当时积压的摩托车将近100万辆，而它的年产量是220万辆，占了将近一半。而且，摩托车是时麾品，一旦没有在流行季节销售出去，待过了流行期，其命运可想而知。

雅马哈最终在这场市场争夺战中败下阵来，并付出了沉重的代价，营业利润大幅度下降，甚至到了借债度日的地步。仓库中堆积的摩托车多达上百万辆，只能降价处理。1983年5月，雅马哈终于作出减产、裁员和调整库存的决定。但大量裁员并没能挽救公司的危机。最后，连雅马哈最高决策者、会长川上源一也不得不引咎辞职了。

尽管这次市场争夺战已经时隔多年，但给后来者留下了深刻的教训：企业经营要紧密围绕市场变化来进行，所以，正确判断市场的需要是关键。雅马哈决策者面对大好时机，却没有认真分析竞争对手产品市场占有份额下降的原因，也没有仔细研究整个市场；面对有利的形势，加上为对手所牵制，作出错误判断，盲目追求产量，缺乏冷静的思考，结果铸成大错。

【点评】

声东击西，是制造假象，佯动以伪装进攻方向。通常是用灵活的行动，忽东忽西，巧妙制造假象，使敌人作出错误的判断，我方便可出其不意，一举取得胜利。

此计一般用在我方处于进攻态势时。"西"是真正的进攻目标，但为了迷惑敌人，故意"声东"，虚晃一枪，使敌人因此而放松对西的戒备。本来打算进攻乙地而不打算进攻甲地，却佯攻甲地，而不显出任何进攻乙地的迹象。这是保证此计成功的关键。

在现代商业活动中，声东击西主要是把对方的注意力引到我方并不感兴趣的地方，在为我方谋得利益的同时，最大限度地增加对方的满足感，从而使双方保持良好的关系，这是谈判中常常使用的重要策略之一。在谈判中，一个成熟老练的谈判者往往会巧妙地将自己的目标隐藏起来，而故意将一些次要的问题渲染成非常重要的甚至是关键问题，让对方以为占了便宜，自己见目的已经达到便"勉强"表示让步。这种策略不必冒重大风险，可以成为影响谈判的积极因素，而且能熟练掌握，对方很难作出反击。

第二套　敌战计

第七计　无中生有

【原文】

诳也①，非诳也，实其所诳也②。少阴、太阴、太阳③。

【注释】

①诳：欺骗、诳骗。

②实：实在、真实，这里是意动用法，把……当作真实的。

③少阴、太阴、太阳：参见"第一计瞒天过海"的注释。这里将三者并列，以说明阴阳相互过渡、相互转化的道理。兵法上主要指欺敌活动的发展过程：由虚假逐渐转化为真实，简单来说就是用大大小小的假象去掩护真相，使敌人再次上当受骗。少阴，指虚假。太阴，

指虚假之极；太阳，指真实之极。

【译文】

使用假象欺骗敌人，但并非一假到底，而是巧妙地让对方把欺骗当作真实。即开始用小的假象，然后用大的假象，（造成敌人的错觉使其）最后把假象当成真相。

【计名讲解】

此计名出自《老子》（即《道德经》）第四十章："天下万物生于有，有生于无。"此计本是道家术语，指万物来源于"无"。后来引申为凭空捏造，把本来不存在的事说成确有其事。广义上，指一种采取真真假假、虚虚实实的手法，用假象欺骗敌人，使敌人判断失误而采取错误行为的计谋。

后来，尉缭子把"无中生有"的思想运用到军事上，他说："战权在乎道之所极，有者无之，安所信之？"提倡以"无"来迷惑敌人，乘其对"无"习以为常时，变虚为实，给敌人以致命一击。

古人按语说："无而示有，诳也。诳不可久而易觉，故无不可以终无。无中生有，则由诳而真，由虚而实矣。无不可以败敌，生有则败敌矣。""无中生有"其实是诳敌的战略。这句话的意思是说，无中生有是一种骗局，但是骗局容易识破而不能长久。因而"无"不能始终为"无"，而是要弄假成真、由虚转实。因此，用"无"不能击败敌人；把"无"变为"有"的时候，就能使敌人受挫。

● 无中生有

用假情况来欺骗敌人，但并不是完全弄虚作假，而是要巧妙地由虚变实，由假变真，以各种假象掩盖真象，造成敌人的错觉，出其不意地攻击敌人。

迷惑敌人为目的

以假象掩盖真相。

用虚实结合的战术。

敌人陷入困境，因判断失误和行动失误

乘势追击取得胜利

实用谋略

张巡力挫令狐潮

"无中生有"的关键在于真假要有变化，虚实必须结合。先假后真，先虚后实，无中必须生有。张巡挫败令狐潮的战例，就是对无中生有之计的一次成功实践。

公元755年，安史之乱爆发。次年正月，叛军将领张通晤攻陷宋州、曹州等地。谯郡太守杨万石慑于叛军威势，打算率领全郡军民投降，并逼迫张巡为其长史（副职）。张巡接到委命后，不但不为所动，反而更坚定了讨伐叛军的决心。当时，单父县尉贾贲也起兵拒叛，击败了张通晤后，进兵至雍丘，与张巡会合，共有士兵二千人。

这时，叛军将领令狐潮率军围攻雍丘。张巡领导军民英勇杀敌，多次击退叛军的进攻。令狐潮在初攻雍丘失败后，又引叛将李廷望率众四万攻城，一时人心震恐。但张巡沉着冷静，布置一些军队守城，其余分成几队，亲自率军向叛军发起突然攻击。叛军猝不及防，大败而逃。次日，张巡命人在城上筑起栅栏加强防守，然后捆草灌注膏油向叛军木楼投掷，使叛军无法逼近，致使叛军木楼攻城之策失败。

令狐潮见无法取胜，便下令把雍丘围得水泄不通，打算困死城中军民。两军对峙四十多天，城中粮草短缺，朝廷的援兵也一直没有赶来。令狐潮听说唐玄宗已经到蜀地去了，又用书信招降张巡，但是张巡不为所动。

令狐潮曾经招降张巡的六员部将，于是派这六人进入雍丘城，让他们以张巡兵力不够、无法与敌对抗的现实向张巡劝降，并且还说："皇上是死是活还不知道呢，不如投降令狐将军吧。"

张巡沉思了一会儿，假装答应。第二天，张巡在公堂上摆出唐玄宗的画像，率领众将士向画像朝拜，人人都泣不成声。张巡将这六个

人带到堂前，以国家兴亡的大义斥责他们，然后把他们杀掉，城中军民的士气大增。

然而，此时城中的箭都已经用完了，张巡很头疼。他想："现在没有箭了，如何守住城池呢？是否可以用诸葛亮的草船借箭之计呢？对，就这么办！"于是，他下令将士们将禾秆束成上千个草人，并给他们穿上黑衣，将士们都不明白他为什么这么做。

一天晚上，张巡令士卒用绳子拴着草人将它们放到城下。令狐潮的士兵以为是守军偷袭，纷纷向草人射箭，过了一段时间，才知道从城上下来的是草人。张巡得到几十万支箭，城防的力量有所增强。

在之后的几天夜里，张巡又从城墙上放下草人来，叛军又朝着草人射箭，待确定下来的是草人后，便不再射箭。又过了一段时间，叛军觉得好笑，便不再防备了。

张巡见叛军失去戒心，便在一天夜里组织了敢死队，共有五百人，然后把他们送到城下。叛军以为又是草人，因此没有在意，也没有向城下射箭。敢死队趁机杀向令狐潮的军营，令狐潮的军队大乱，烧掉营垒逃跑。张巡看准时机，率领城中守军杀出，向前进攻了十多里。令狐潮大败，被迫退到离城数十里的地方驻扎下来。之后，张巡率领守军再破令狐潮的叛军，令狐潮率领残军退到陈留，不敢再出来了。

张巡利用草人借箭，待敌人识破"草人借箭"的计谋后，张巡又继续迷惑敌人，多次放草人出城。敌人放松警惕，不再对草人放箭。张巡便利用这个机会，放真人出城，出其不意地攻入敌人的军营，取得一场大胜。这一故事正是对"无中生有"之计的成功运用。

祖珽造谣害死斛律光

要想使"无中生有"成功，就要以各种假象掩盖真相，给敌人造成错觉，出其不意地打击敌人。北周以离间的手段除掉北齐大将斛律光的事迹，就是对这一计谋的一次成功运用。

斛律光，字明月，北齐著名大将。他骁勇善战，治军严明，威望甚高，历任大将军、太傅、右丞相、左丞相等职，封咸阳王。当时北齐后主高纬昏庸无能，宠信奸臣祖珽等人，朝政大权都把持在这些小人手中。斛律光为人正直，对祖珽这些人的胡作非为非常不满，经常斥责他们，祖珽等为此怀恨在心，无时无刻不想着加害于他。但是，斛律光的一个女儿是齐孝昭帝太子高百年的妃子，另一个女儿就是高纬的皇后，整个家族在北齐尊贵无比；况且斛律光治家甚严，生活节俭，不肯谋求私利、收受贿赂，也不肯结党营私、干预朝政，祖珽根本拿不到他的任何把柄，一时也奈何他不得。

当时，北周的勋州刺史、骠骑大将军韦孝宽也是一员名将，他企图进攻北齐，却屡次败在斛律光手中，北周其他人更是一听到斛律光的名字便望风而逃。

韦孝宽知道在战场上无法打败斛律光，想起高纬昏庸，又听说斛律光与权臣祖珽等人素来不睦，觉得有机可乘，于是制造斛律光篡位的谣言，编成儿歌，派出间谍在北齐国都邺城传唱。歌曰："百升飞上天，明月照长安。高山不推自崩，槲树不扶自树。"

祖珽听到后，觉得这是个陷害斛律光的绝佳机会，于是又居心叵测地在最后加了两句："盲眼老公头颅落，饶舌老母不得语。"还派人教孩子们在街上大肆传唱。

果然，这些谣言后来慢慢传到了后主高纬的耳中，他不解其意，便询问心腹祖珽。祖珽知道自己的机会来了，便拿出事先准备好的说辞："'百升'合起来为一斛（斛是古代一种计量单位），'明月'是斛律光的字。'高山'指高氏江山，'槲树'就是指斛律氏。这些童谣分明是说斛律光意图谋朝篡位。至于最后两句，'盲眼老公'是指我（祖珽双目失明），'饶舌老妇'则是指陛下的乳母。这童谣听着真让人不寒而栗啊。"

祖珽用心可谓险恶，他说出这番话的目的就是要挑唆高纬对斛律光产生猜疑，进而除掉斛律光。高纬此人虽然昏庸，但生性怯懦，他也知道斛律光为栋梁之材，因此一直犹豫不决。祖珽一计不成，又生一计。他买通了斛律光手下的一个幕僚，指示他诬告斛律光秘密调集军队进京，并在家中暗藏兵甲器械，还豢养了几千家丁，一俟时机成熟，便要犯上作乱。高纬信以为真，终于下定决心杀掉斛律光。

但斛律光位高权重，又手握重兵，如果公开动手，必定会引起动乱。如何才能顺利杀掉他呢？祖珽又适时地给高纬献上一条奸计，说："如果陛下命令斛律光前来，恐怕他心存怀疑而不肯从命。不如派人送他

一匹好马，告诉他说，皇上明天去东山游玩，邀请他同行。他一定会入宫拜谢，到那时正好趁机下手。"

于是高纬假称赏赐斛律光骏马一匹，约其第二天一起游观东山。斛律光不备，独自一人前往皇宫，来到凉风堂时，高纬的卫士刘桃枝从后击其后脑，斛律光屹立不倒，回头斥道："你们经常做这种卑鄙无耻之事，但我到死也不会做对不起国家和皇帝的事。"刘桃枝和另外三个人见斛律光丝毫不作抵抗，便用弓弦勒死了一代名将。斛律光死后，高纬以谋反罪尽灭其族，派人抄家时，只搜出一些宴射用的弓箭刀鞘，此外再无余财。

高纬自毁长城，朝野为之痛惜。周武帝得知斛律光被害，极为高兴，下令大赦全国，并于公元 577 年发兵攻入邺城，灭了北齐，然后下诏追封斛律光为上柱国、崇国公，并指着诏令对众人说："此人若在，朕岂能至邺？"

斛律光戎马一生，从无败绩，却死于敌人散播的谣言之下，含冤莫白。北齐自毁栋梁，结果自取灭亡。

宋太祖杯酒收钱财

北宋建立之初，有两个节度使起兵造反，宋太祖亲自出征，费了很大的力气才平定叛乱。此事也让宋太祖忧心忡忡，担心将领们的威望太高、兵权太重，国家将来会重蹈唐朝藩镇割据的覆辙，对皇权造成威胁，于是来了个"杯酒释兵权"，收回了地方将领的兵权。从此以后，这些将领赋闲在家，一个劲儿地积蓄财产，整日只顾着吃喝玩乐。看到他们手中的财产逐渐增多，宋太祖又担心会另生事端，受"杯酒释兵权"的启发，他又想出一个"杯酒收钱财"之法。

宋太祖先给每位将领赏赐了一块宝地，让他们在这块土地上修建豪宅。宅地是皇上所赐，将领们当然不敢怠慢。接到赏赐后，将领们立即大兴土木，等到住宅完工了，宋太祖就招他们进宫，赐宴招待他们。酒宴上气氛很好，君臣和乐。宋太祖趁机再三劝酒，结果那些将领个个喝得酩酊大醉，连路都走不动了，更不用说自己回家。

宋太祖传令，让每位将领家中来一个公子，把各自的父亲搀扶回家。宋太祖将宾客送到大殿门外，在他们即将离开的时候，若无其事地说："你们的父亲刚刚在酒宴上都表示愿意捐给朝廷十万缗(一千钱为一缗)钱。"

将领们酒醒后，发现在自己家中，于是连忙叫来家里人询问自己是怎么回来的，在皇上面前是否有失礼之处。自然也在询问中知道了捐钱之事。尽管将领们都怀疑自己是否真的在酒醉时许诺过向朝廷捐钱，但是既然此事是从皇帝口中说出，不管真假皆已成定局，第二天都非常识时务地上交了十万缗钱。

宋太祖担心将领们手中积蓄的钱财太多，对自己的统治有所不利，就想从他们手中收取一部分作为限制。但他毕竟是一国之君，怎么能主动开口向手下臣子要钱呢？于是，宋太祖便巧使一招"无中生有"之计。反正当事人也无法确认自己一定没有说过给朝廷捐献之言，这样既保全了皇上的尊严，又帮朝廷大赚了一笔，将领们却无话可说，真可谓一石三鸟。

商业案例

承包商赚钱有术

有一个建筑承包商专门承揽大项建筑工程，而每次揽下生意后，他就把大工程划分成若干个小工程，再进行转手，分别承包给其他施工单位。这个承包商只要出手，几乎每次都能用较高的价格揽下生意，然后以最低的价格很快将工程分包出去，因此赚了不少钱。他的同行们觉得很奇怪，直到后来才偶然发现了他的独门经营"秘方"。

事情的经过是这样的：每次要从别人那里承揽生意时，这位建筑承包商总会派出自己的心腹，假扮成另外几家承包商来与自己竞争。等到这些假承包商分别报出极高的价格之后，他才不慌不忙地站出来，报出一个相对较低的价格投标。有了这样的比较，发包方当然就选择了出价最低的。实际上，如果在业界做个调查就会发现，他所出的"最低价"往往是此类工程中的最高价。

而他向外发包时，也有一套"独门秘方"。将工程承揽下来之后，他就开始与投标者洽谈分包价格。一开始，他总是迫使对方不断压价。等到谈判进入僵持阶段时，他的秘书便会适时地敲门进来，说是来了紧急电话需要马上接听。每当这时，承包商总是会露出

慌乱的神情，手忙脚乱中竟然将"机密材料"落在了谈判桌上。

对这些材料中的内容，他的谈判对手自然是非常感兴趣的，看到他离开必定会偷偷翻看，不看则已，一看顿时慌了手脚，原来竟然是所有施工单位关于此项工程的"竞价单"。他们还会暗自庆幸，幸亏自己及时发现了如此重大的"机密"，不然，这项生意就在不知不觉中被别人抢走了。

等承包商"接完电话"重返谈判桌时，投标者就会主动把投标价格压得很低，于是双方很快成交。就在这些投标者庆幸煮熟的鸭子终于没有飞走的时候，又哪里知道，他们偷看的那些"机密材料"，其实都是这位承包商事前精心伪造的。

这位聪明的承包商在承揽生意时，会虚拟出一些与自己竞争的抬价者；而在向其他施工单位分包时，又会虚拟出一些与对方竞争的压价者。而无论是抬价者还是压价者，实际上都是不存在的。承包商巧用"无中生有"之计，保证了自己在行业竞争中始终立于不败之地。

"无中生有"的电话订货

日本东京住着一个名叫矢田一郎的人，他的儿子是残疾儿童，每次大小便都需要他去帮助，这样，他总是累得满头大汗，而且儿子也觉得很痛苦。长此下去也不是办法，在照顾儿子时，矢田一郎一直在想，要是有一种专供残疾人使用的便器该多好啊！

受到这个想法的启发，矢田一郎干脆开动脑筋，开始专心研制一种专供残疾人使用的安全便器。经过两年的努力，他终于成功了，并给这种便器取了个名字叫作"安便器"。然后矢田一郎信心百倍地带着安便器前往东京各商店进行推销。

但令矢田一郎失望的是，无论他怎么不厌其烦地向各商店的业务主管人员介绍安便器性能及使用价值，向他们指出其蕴含的广阔的市场前景，这些业务主管们都采取一副观望的态度。毕竟安便器是新产品，不知道它是不是真的有销售市场，而且，在橱窗里陈列便器太不雅观，对商店形象不利，所以业务主管们最后都不约而同地婉言拒绝进矢田一郎的货。

矢田一郎并非商人，他将安便器申请获得了专利，投入全部家产进行生产。他所想的是，社会上残疾人为数不少，他们在生活上多有不便，给自己和家庭都带来了一些困难，如果能将安便器推广开去，不仅可以减少残疾人的生活困难，减轻因此带给他们的痛苦，还可以让其本人获得一笔可观的收入。但没想到现在碰了壁，而且这些货物如果一直积压，自己将会有倾家荡产的危险。

正当矢田一郎快要绝望的时候，他的一个好朋友想出了一个点子。

当时，通过电话订货的业务正在日本盛行开来，几天后，东京好几家百货商店都接到了下面类似的订货电话：

"请问贵店有专供残疾人使用的安便器吗？"

"非常抱歉，本店没有这种货物供应，请去别的商店询问一下吧。"

由于几天时间内接到好多这样的订货电话，这开始引起了商店的

重视，并将情况反映给了所属的百货公司。

既然有不少客户需要，公司自然不愿错过这一商机，非常重视这个"信息"，想迅速进货来满足商店的营业需要。在记忆中苦苦搜索一番之后，他们终于想起，曾经有个叫矢田一郎的人来推销过这种商品。当时没意识到其中的市场前景，便一口回绝了，现在看来，真是太失策了。

于是他们找到矢田一郎的住址，主动上门拜访，从他那里购进了大批安便器。之前积压的产品一下子全都脱手了，矢田一郎获得了一笔相当可观的利润。

安便器上市后，因为它确实具备特殊性能，给残疾人带来了方便，所以购买者很多。

不过，之前商店方面接到的所有订货电话，都是矢田一郎通过他的朋友拨打的。在这些无中生有的电话的帮助之下，安便器立刻成了热销商品。

假想对手以振奋己方士气

在日本热水瓶业界，"象"和"泰佳"是两个彼此敌视的品牌，它们之间的斗争之激烈可以说是有目共睹。

最初，泰佳热水瓶是独霸热水瓶业的老大，很长时间内没有人敢去和它争夺市场。而象牌热水瓶作为后起之秀，刚开始成立时只是一家不起眼的小公司，根本没有人能想到它日后会崛起成为能与泰佳分庭抗礼的大企业。

然而，当一个名叫市川重幸的年轻人就任董事长后，情形逐渐变得大不一样了。市川重幸上任后，始终牢记一个信念：独霸热水瓶业的泰佳是象牌的劲敌，一定要用各种方式去战胜它。

于是，这位董事长对某一个将要出差的员工都要再三叮嘱："你们到各地出差时，在旅馆和饭店，一定要注意服务员手中的热水瓶。如果他拿出来的是泰佳牌热水瓶，你们立刻走出去，选择别的地方，坚决不要在那里住宿或吃饭。记住，一定要选择不使用泰佳热水瓶的旅馆和饭店。"

刚开始，员工们不了解董事长的心意，觉得这个要求有些奇怪，但依旧非常认真地执行。过了不久，董事长的话就传达给了每一个员工。这种有些过分的敌视政策逐渐变成全公司一致的"战胜泰佳"的信念。在这种上下团结一心的企业精神的鼓舞下，象牌终于杀进了泰佳的地盘，公司销售额也逐渐追上了泰佳，到后来甚至相差无几，将不可能的事情变成了可能。

泰佳之前一直是热水瓶行业的王者，象牌奋起直追时，泰佳并不把这家小公司看在眼中，却没想到对方竟然是一个劲敌，业绩蒸蒸日上。泰佳董事长终于意识到事情不妙，开始将象牌引为不共戴天的仇敌："情况非常不妙，我们必须打倒象牌才能生存！"

在日本的热水瓶业，只有象牌和泰佳两家的销售额是不断增加的。其中最大的原因，就是两家公司在强烈的敌对意识的鼓动下不断去跟对方竞争。

在对方没有敌意的情况下预先将其树为假想敌，这样的做法放在普通生活中缺少君子风度，有制造事端、推波助澜之嫌。但放在如同战场的商场上，情况就有所不同了：二流企业要向一流企业迈进，必须全力以赴，让全体员工团结一心，企业经营者必须设法激起员工的斗志。在这种情况下，假设一个强大的敌人，即使这个敌人是无中生有的，往往也能起到良好的效果。

【点评】

无中生有，就是真假相参，虚实互变，以扰乱敌人，使其行动出现失误。运用"无中生有"之计主要分三步：第一步，示敌以假，使其误以为真；第二步，故意让敌人识破我方制造的假象，令其因此而掉以轻心；第三步，我方化假为真，却让敌人仍误以为假。

一般来讲，"无"是指迷惑敌人的假象，"有"是指我方的真实意图。另外，"无"还可以指没有条件，"有"则指创造出了条件。

运用此计的人，往往是利用对方判断失误或人们普遍存在的一种贪利心理。而谨防无中生有，就是要相应地克服这种心理上的弱点，做到知己知彼，切忌为假象所迷惑。